collection cascade

Du même auteur, dans la même série :

Ma première boum
Tous à la patinoire
Avertissement de conduite

Du même auteur, en Cascade Policier :

Cherchez le cadavre

SÉGOLÈNE VALENTE

UN CŒUR EN VACANCES

ILLUSTRATIONS DE
MICHEL RIU

RAGEOT•ÉDITEUR

Collection dirigée par Caroline Westberg

Couverture : Anne Bozellec

ISBN 2-7002-2796-4
ISSN 1142-8252

PAS DE VACANCES SANS MALIKA

Malika était effondrée sur la table de la cuisine, en larmes. C'était la première fois que je voyais ma copine aussi désespérée.

– Je les déteste ! sanglotait-elle en reniflant bruyamment. Je les hais !

Je ne savais plus quoi faire. J'avais tout essayé : la serrer dans mes bras, lui répéter « ça va s'arranger », lui faire des tartines de Nutella. Rien ne la consolait.

– Si c'est ça la vie, je préfère mouriiiiir ! a-t-elle repris avec des trémolos dans la voix.

À ces mots, j'ai eu la chair de poule.

– Non, tu ne peux pas faire ça…

– Siiiii !!!

Les pires images me sont venues à l'esprit : Malika à l'hôpital après avoir englouti une boîte de punaises ou deux tubes de vitamine C pendant que je me prélassais, les pieds dans le sable, à l'autre bout de la France. J'ai retiré mes lunettes et pris ma tête entre mes mains. Comment pouvait-on en arriver là et, surtout, comment allait-on s'en sortir ?

Tom, mon petit frère, a ouvert la porte de la cuisine et s'est sauvé dès qu'il a vu nos têtes. Deux minutes après, mon père est entré en fredonnant une de ses vieilles chansons « Y a d'la joie, bonjour bonjour les hirondelles ! » et il a sorti la poubelle de sous l'évier.

– Qu'est-ce qui vous arrive encore, les filles ?

– Comment ça « encore » ?

Parfois je me demande pour qui il nous prend ! Je lui ai lancé le fameux regard assassin de Malika. En principe, ça suffit pour se faire comprendre.

– Elle a un chagrin d'amour ? a poursuivi papa en désignant Malika.

J'ai haussé les épaules. Mon père a de ces idées ! Pour les chagrins d'amour, on va dans ma chambre. Si on était dans la cuisine, c'est qu'on avait un problème que seuls mes parents pouvaient régler.

Pendant que papa tassait la poubelle pour attacher la ficelle, j'ai expliqué :

– C'est à cause de ses parents…

– Eh bien ?

– Ils ne veulent pas…

– Quoi donc ?

– Pour les vacances…

– Finis tes phrases, Caillou ! Je ne comprends rien.

Pfff ! Ce n'était pas compliqué à deviner quand même ! J'ai répété ce que je venais de dire comme il voulait l'entendre :

– Les parents de Malika ne veulent plus qu'elle parte avec nous en vacances.

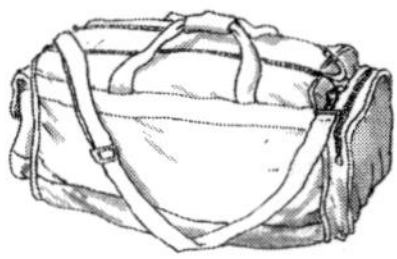

Je passais une grande partie du mois de juillet chez ma tante dans les Landes. Avec mon frère, on avait insisté pour aller là-bas à cause des vagues énormes et de tata Cerise. Ma tante, on la surnomme tata Cerise parce qu'elle raffole des cerises. Elle a même monté un restaurant qui s'appelle *Chez Tata Cerise*. Avec elle, on rigole tout le temps, je l'adore. Mon père a l'habitude de dire : « On n'est pas frère et sœur pour rien ! », mais sincèrement l'humour de tata Cerise n'a rien à voir avec ses blagues vaseuses qui ne font rire que ma mère. En plus, avec elle on peut vraiment discuter. Au téléphone, je lui parle souvent de Malika et je lui raconte des histoires que je ne pourrais jamais raconter à mes parents. Un jour tata Cerise a même déclaré : « J'ai hâte de la connaître, ta Malika ! » On avait donc tout organisé pour que ma meilleure copine vienne avec nous une semaine. Chacune de notre côté, c'était l'ennui assuré. Jusque-là, tout allait bien. Mais la veille du départ, son père avait changé d'avis simplement pour lui « pourrir la vie » d'après elle.

Malika a redressé péniblement la tête. Elle avait des miettes de pain et des traînées de Nutella collées sur la joue. J'ai failli éclater de rire. Mais ce n'était pas le moment.

– Rester moisir ici deux mois, c'est l'enfer ! a-t-elle hurlé. M'en fiche, je fugue !

– On va trouver une solution plus simple, a assuré mon père d'une voix calme. Je vais téléphoner à tes parents.

Je n'en attendais pas moins de sa part.

– Même pas la peine d'essayer, a gémi Malika. Mon père est un mon-on-onstre !

Et elle s'est écroulée dans mes bras en sanglotant :

– Je donnerais tout pour venir avec vous : mon poster des Funny Girls, mon vernis à ongles à paillettes, ma vache en peluche...

Elle en faisait un peu trop. Les vacances chez tata Cerise, ce n'était quand même pas le délire à ce point-là. Elle risquait d'être déçue.

Mon père a sorti la poubelle, puis s'est dirigé vers le téléphone. Cinq minutes se sont écoulées sur la pendule de la cuisine qui m'ont paru durer une heure. Malika avait cessé de pleurer. Elle ne prononçait plus un mot, elle qui d'habitude est si bavarde. Elle avait les yeux braqués sur l'aiguille des secondes. Tout à coup, mon père est entré dans la cuisine. Malika l'a scruté de ses yeux rougis.

– Alors ? a-t-elle interrogé sans trop y croire.

– Il n'y avait pas de quoi en faire un drame ! Ton sac est prêt ? On part demain à six heures.

Malika a écarquillé les yeux, puis elle a hurlé de joie en dansant avec mon petit frère. Avant de s'en aller, papa a ajouté :

– J'oubliais, Farid vient avec nous... pour ne pas faire de jaloux.

À ces mots, Malika s'est statufiée.

– C'est une blague ?

– Ce n'est pas mon genre, a-t-il répliqué en refermant la porte.

Farid est le frère de Malika. Il est sympa, mais elle ne supporte pas de l'avoir tout le temps sur le dos. Elle a envoyé un coup de pied dans une chaise :

– Oh non, pas lui ! Il va gâcher mes vacances !

À cet instant, une idée de génie m'a traversé l'esprit. J'ai lancé :

– Si Farid vient, alors...

– Alors quoi ? Alors il va nous pot-de-coller vingt-quatre heures sur vingt-quatre.

Malika invente toujours des expressions irrésistibles.

– Mais non, tu ne vois pas ?

– Non, je ne vois pas, je ne vois rien du tout.

– Il va s'ennuyer sans ses copains...

– Explique-toi mieux.

D'habitude, on se comprend à demi-mot avec Malika. C'est pour ça que je ne termine plus mes phrases depuis que je la connais, ce qui horripile mes parents. Mais, parfois, elle ne fait aucun effort et il faut que j'explique tout de A à Z.

Voilà : Farid fait partie de la bande à Nono. Et Rémy aussi. Mon Rémy, le plus beau garçon du collège, le plus gentil, le plus intelligent, bref l'homme de ma vie, mon amour pour toujours. Jamais je n'oublierai le soir du conseil de classe où il m'a embrassée sous l'abri de bus. Deux mois de vacances sans le voir, c'était un cauchemar.

Heureusement que je venais de trouver une solution !

J'ai chuchoté pour être à l'abri des oreilles indiscrètes de Tom, qui avait réapparu dans la cuisine et ne perdait pas une miette de notre conversation :

– Pour que Farid ne s'ennuie pas, on va inviter Rémy, qu'est-ce que tu en dis ?

– Rémy, c'est ton amoureux ? a demandé mon frère qui avait tout entendu.

– Toi, va jouer ailleurs !

Il est parti en claironnant :

– Elle est amoureuse !

Quel craignos celui-là !

Malika a fait sa moue habituelle pour signifier que l'idée d'emmener Rémy ne l'enchantait pas. À force de remonter le côté gauche de sa lèvre supérieure, elle risquait de devenir très moche. Et elle a déclaré :

– Oui... mais tu le préviens un peu tard, on part demain !

– On risque quoi d'essayer ?

– Rien... mais moi je ferai quoi pendant que vous vous embrasserez ? Pas question de passer mes vacances à tenir la chandelle !

La question m'a laissée perplexe. C'est vrai ça, elle fera quoi pendant qu'on s'embrassera ? J'ai eu une deuxième idée géniale :

– Eh bien, on te trouvera un copain !

Malika a levé les yeux au ciel, l'air de dire « T'es folle, ma pauvre ! », ce qui signifie en clair « OK, ça marche ». On a fini le pot de Nutella en raclant les bords avec les doigts pour fêter notre idée géniale.

Malika a pris l'affaire en main : elle a téléphoné à Rémy et m'a fixé un rendez-vous avec lui, à seize heures devant le gymnase. Ma copine a cru malin de lui annoncer, avec sa petite voix espiègle :

– Camille a une proposition à te faire, une proposition malhonnête…

J'étais furieuse qu'elle utilise une expression pareille, mais j'ai filé au rendez-vous sans protester.

LES AVEUX D'UN AMOUREUX

Je trépignais d'impatience dans l'allée du gymnase. Il était seize heures six et Rémy n'était toujours pas là. J'étais liquide. La chaleur du mois de juillet me ramollissait comme une glace au soleil. Mes lunettes glissaient sur mon nez et mes pieds collaient aux semelles de mes sandales. Il n'y avait pas un brin d'ombre dans les parages.

J'attendais déjà depuis un bon quart d'heure. Je suis toujours en avance à un rendez-vous, alors même quand la personne arrive à l'heure, j'ai l'impression qu'elle est en retard parce que j'ai attendu.

Et si Rémy ne venait pas ? Cette idée de proposition malhonnête l'avait peut-être effrayé.

Et si Rémy venait et qu'il profite de ce rendez-vous pour me laisser tomber ? Ce serait la déprime assurée et mes vacances seraient gâchées. Je ne tenais plus en place. J'avais envie de rentrer chez moi.

Je tirais sur un fil interminable qui dépassait de mon sac à main en forme de cœur quand soudain, à l'autre bout de l'allée, j'ai entendu mon nom :

– Ohé, Camille !

C'était Rémy. Il portait un tee-shirt XXL, un jean ultra-large et des baskets hyper-hautes sans lacets. Il avançait vers moi, son demi-sourire au coin des lèvres et sa mèche devant son œil gauche. J'ai cru voir ses bras s'ouvrir et je ne sais pas ce qui m'a poussée, la chaleur sans doute, je me suis retrouvée en train de courir à sa rencontre. Ça faisait si longtemps qu'on ne s'était pas vus ! Au moins une semaine ! Mon cœur s'emballait. Mes jambes accéléraient. Je ne pouvais plus m'arrêter. Il m'a stoppée dans mon élan, je ne sais pas comment. Il m'a serrée dans ses bras et on a tourné, tourné, tourné comme dans les films quand le héros retrouve enfin sa bien-aimée. On a fini contre la porte de secours du gymnase.

J'ai récupéré mon souffle et on a parlé de tout et de rien : les copains, le collège, ces premiers jours de vacances, Malika... Ma main dans sa main était aussi moite qu'une éponge qui sort d'un seau plein d'eau. Il était là, devant moi, si beau avec ses yeux plissés à cause du soleil. J'attendais qu'il me demande : « Alors cette proposition malhonnête ? » Le reste, on avait toutes les vacances pour en discuter, mais ça, c'était urgent.

Au bout d'un moment, comme il n'abordait pas le sujet, j'ai pris mon courage à deux mains et j'ai mis les pieds dans le plat :

– Tu ne pars pas en vacances en juillet ?

Je connaissais la réponse, mais je préférais rester prudente. J'ai eu raison d'ailleurs.

– Si, on a trouvé un camp à la dernière minute avec Farid.

– Avec Farid ?

Je n'y comprenais plus rien. Une demi-heure plus tôt, Farid partait avec nous !

– On était sur la liste d'attente et on vient de recevoir un coup de fil. C'est pour ça que j'étais en retard. On part demain. Pas mal, non ?

J'ai fait oui de la tête. Mais j'ai immédiatement plongé le regard vers le sol pour qu'il ne voie pas ma déception. J'avais la gorge nouée et les larmes me montaient aux yeux. C'était horrible. Tous mes rêves tombaient à l'eau.

– Pourquoi cette question ? a-t-il enfin demandé.

J'ai mis du temps à répondre, car j'avais envie d'éclater en sanglots.

– Comme ça, pour savoir. Je suis contente pour vous.

C'est seulement à ce moment qu'il s'est souvenu de ce que lui avait dit Malika au téléphone.

– Au fait, tu ne devais pas me faire une proposition... malhonnête ? a-t-il ajouté avec son éternel demi-sourire.

Il n'avait vraiment rien compris depuis le début, c'était affligeant. La proposition malhonnête, c'était justement de partir en vacances ensemble. Maintenant c'était trop tard, je ne pouvais plus lui dévoiler mon plan. Comment me sortir de là ?

– Une proposition malhonnête ? Mais pas du tout ! me suis-je indignée.

– C'est pourtant ce que m'a dit Malika, s'est-il excusé un peu gêné.

J'ai levé les yeux au ciel et j'ai soupiré :

– Qu'est-ce qu'elle a encore inventé ? Non, je voulais juste te voir avant de partir.

– Ah bon ?

On s'est regardés droit dans les yeux et on s'est embrassés une dernière fois.

– Tu m'aimes ? lui ai-je demandé, blottie au creux de ses bras.

J'avais besoin d'entendre ces mots de sa bouche, d'en être sûre à cent pour cent avant de le quitter pour si longtemps. Sur le coup, il a paru surpris. Ensuite il m'a serré la main. Puis il a ouvert la bouche et un « oui » tremblant en est sorti.

– Oui quoi ? ai-je insisté.

– Oui, je t'aime.

J'avais envie de rire et de pleurer en même temps, de sauter dans tous les sens et de m'écrouler. C'était la première fois qu'un garçon me disait ces trois mots « Je t'aime ». Je me suis sentie plus belle que jamais et plus rien n'avait d'importance : mes lunettes trop moches, mes cheveux trop raides, ma peau trop blanche.

Je suis redescendue de mon nuage et j'ai consulté ma montre.

– Il est déjà six heures ! me suis-je exclamée. Je dois rentrer faire mes bagages pour demain, je n'ai pas encore commencé.

Rémy a déchiré une page de son agenda pour y inscrire l'adresse de son camp de vacances et m'a donné une photo de lui. Je lui ai promis de lui envoyer dès mon arrivée les coordonnées de tata Cerise. Et c'était déjà la fin.

– Bon, eh bien... salut.

– Salut.

Rémy partait à l'opposé de moi. On était incapables de se tourner le dos. On a reculé lentement, en faisant un pas en arrière chacun notre tour. Il m'a souhaité « Bonnes vacances », je lui ai répondu « Pense à moi », il a ajouté « À la rentrée », j'ai lancé « Tu vas me manquer ». En vérité, il me manquait déjà. Je serrais sa photo dans le creux de ma main en pensant « Pourvu que ces vacances passent vite ». Mes yeux plongeaient dans les siens. Rémy s'éloignait. Il a disparu le premier, à l'angle du gymnase.

J'ai couru jusqu'à chez moi pour me défouler. Tout compte fait, c'était peut-être mieux qu'il ne vienne pas. Malika ne ferait pas de crise de jalousie et mes parents ne sauraient rien de mon histoire d'amour avec lui. Mon père a le sens de l'humour mais pas sur ce genre de sujet et ma mère, trop curieuse, essaierait de tout savoir. Rémy serait loin mais il resterait dans mon cœur, c'était le principal.

HOURRA, ON PART !

Je n'ai pas fermé l'œil de la nuit. J'étais hantée par l'image de Rémy et par la crainte de ne pas voir Malika au rendez-vous le lendemain matin. Surtout, je réalisais l'ampleur des risques que je prenais : si ma copine se comportait mal avec mes parents, mon frère ou ma tante, c'est sur moi que ça retomberait ! Avec son caractère, elle était bien capable de faire le mur ou d'insister comme une cinglée jusqu'à ce que mes parents se plient à ses quatre volontés. Mais le pire, ce serait qu'elle fasse une gaffe à propos de Rémy et moi ou qu'elle raconte des histoires que mes parents ignorent. Elle était bien du genre à révéler des secrets terribles en toute innocence.

Le lendemain matin à six heures, Malika est venue me sortir du lit.

– Alors Caillou, tu dors encore ? m'a-t-elle susurré en me chatouillant les pieds avec ses ongles pointus.

Elle avait l'air très en forme. Elle portait un nouveau body jaune flashy et avait accroché ses lunettes de soleil dans ses cheveux, façon star d'Hollywood en vacances. J'aurais bien dormi encore un peu. Je me suis frotté les yeux en ronchonnant. Elle m'a lancé :

– Ne pleure pas, tu le reverras ton chéri d'amour !

– J'y compte bien ! J'ai même promis de lui écrire tous les jours et de penser à lui à chaque seconde.

J'ai sorti la photo que j'avais glissée sous mon oreiller. Malika m'a ri au nez :

– C'est perdu d'avance ! Tu connais le proverbe : loin des yeux, loin du cœur.

Comment pouvait-elle affirmer une chose pareille ? Rémy, c'était l'homme de ma vie. Ce n'étaient pas deux mois qui allaient me faire changer d'avis !

– Tu ne peux pas comprendre ! ai-je soupiré.

– Je parie que tu l'oublieras vite quand on aura fait de nouvelles connaissances, a-t-elle affirmé en se frottant les mains.

Car Malika était bien décidée à profiter des vacances pour rencontrer des gens, et plus précisément des garçons.

– Des garçons, pas des glaçons, a-t-elle chantonné, des mecs, pas des cakes !

Elle, d'accord, mais pour moi ce n'était pas la peine de se donner du mal. Mon cœur était déjà pris. Je voulais bien aider ma copine comme elle m'avait aidée. Et puis lorsqu'elle aurait trouvé un copain, elle me laisserait écrire de longues lettres à Rémy sans se payer ma tête.

Il était six heures dix à mon réveil Petite Sirène quand on est descendues à la cuisine. À cette heure, que pouvait bien faire mon Rémy ? Dormait-il encore ou bien s'était-il réveillé pour penser à moi au moment du départ ?

Tom finissait son bol de céréales, ma mère rangeait la cuisine et mon père chargeait le coffre de la voiture. Je me suis assise sur les marches du perron, encore plongée dans mes rêves, tandis que Malika donnait à papa des conseils pour qu'il case son sac énorme à côté du mien.

– On peut le mettre là si on pousse ça... c'est la grosse valise qui bloque tout... vous en avez vraiment besoin ? Parce qu'à la rigueur, si on ne la prend pas, ça nous arrange bien...

Elle gesticulait et déplaçait tout ce que mon père venait de ranger. Dans ce genre de situation, il préfère être tranquille et régler les problèmes tout seul. Il lui a promis qu'il se débrouillerait pour placer nos sacs côte à côte si on allait s'occuper des sandwichs avec Tom.

On est partis à six heures et demie en laissant tout, la maison, ma chambre, le collège et Rémy. Tom voulait s'asseoir entre Malika et moi. Qu'est-ce qu'il m'énerve quand il s'y met ! Il s'est installé le premier, bien au milieu de la banquette. Il ne bougeait pas et faisait semblant de ne rien entendre, le nez dans sa Game Boy. Je l'ai secoué et je lui ai ordonné méchamment :

– Tu te déplaces tout de suite ou tu vas le regretter, petit morveux !

Il n'a pas fait un geste. J'étais rouge de colère. Maman a déclaré :

– Vous changerez de place au milieu du trajet. Et s'il te plaît Camille, sois gentille avec ton frère sinon on n'invitera plus de copine.

Je me suis assise en écrasant volontairement le pied de Tom. J'ai croisé les bras et je n'ai pas dit un mot pendant la première moitié du trajet.

Je pensais à lui... Rémy. Plus on s'éloignait de la maison et plus mon cœur se serrait. Deux mois sans lui, est-ce que je survivrais ? Le paysage défilait sous mes

yeux et j'imaginais nos retrouvailles à la rentrée, au mois de septembre. On ne se quitterait plus, c'était trop douloureux. Il me manquait déjà. Je croyais reconnaître son visage dans tous les cars qu'on croisait.

À mi-chemin, comme prévu, Tom s'est assis à côté de la fenêtre et on a enfin pu discuter avec Malika. On chuchotait, mais Tom n'arrêtait pas de répéter :

– J'ai tout entendu, lalalère !

Un vrai gamin celui-là !

GARE AUX ARAIGNÉES !

On est enfin arrivés. Sur la place du village se trouvaient une fontaine et un marchand de glaces. Le restaurant de tata Cerise était jaune et rouge. On ne voyait que lui. Sur la terrasse, les clients se faisaient bronzer. J'ai glissé à Malika :

– Tu vas voir, elle est géniale ma tante. Tu vas l'aimer tout de suite.

Papa a klaxonné pour annoncer notre arrivée, maman a râlé parce qu'il n'était pas discret et tata Cerise est apparue sur le seuil. Elle portait un jean court, un tee-shirt à fleurs et un foulard sur la tête pour tenir ses cheveux. Elle a appelé Boris et il est apparu, un torchon sur l'épaule, pas rasé comme d'habitude. J'ai couru me jeter dans leurs bras. Tata Cerise m'a fait plein de bisous et tonton Boris m'a tourné les cheveux dans tous les sens. Ça l'amuse.

– Vous avez fait bon voyage ? Pas trop chaud dans la voiture ? C'est toi la fameuse Malika ?

Malika a fait oui de la tête. Tout à coup,

elle semblait intimidée et alors qu'elle avait parlé pendant tout le voyage, elle n'osait plus dire un mot. Tata Cerise a repris :

– Installez-vous. Qu'est-ce que vous voulez boire ?

– Une vodka pour les filles ? a plaisanté tonton Boris.

On s'est assis à une table réservée. Tata Cerise nous a apporté des boissons fraîches. Malika ne disait toujours rien. Elle observait tata Cerise en tripotant une mèche de ses cheveux. Elle m'a juste glissé à l'oreille :

– Elle a l'air super cool ta tante. T'as de la chance, si tu voyais les miennes, tu partirais en courant !

Malika l'avait remarqué tout de suite : tata Cerise était super cool. Ça ne se discute pas.

Lorsqu'on a terminé nos verres, on est allés déposer nos affaires chez ma tante. La maison de tata Cerise et de tonton Boris est située à l'extérieur du village, à côté du camping. Elle est jaune avec une porte et des volets verts. Dans le jardin, l'herbe pousse n'importe comment.

On a vidé le coffre de la voiture pendant que Malika téléphonait à ses parents pour les prévenir qu'elle était bien arrivée, puis on est allées s'asseoir dans le jardin sur le petit banc en pierre. Il fallait qu'on réfléchisse à la manière dont on allait s'y prendre pour monter notre tente. Tom jouait avec un ballon en face de nous. Vers seize heures, alors qu'on commençait à sortir les tentes de leurs housses, tonton Boris est arrivé sur sa moto.

– Vous voulez un coup de main, les filles ? nous a-t-il demandé.

– Eh, je ne suis pas une fille ! a lancé Tom.

Heureusement qu'il nous a aidés parce qu'on n'y serait jamais arrivés tous les trois.

Tonton Boris est très minutieux. Il plante les piquets « comme ça et pas comme ça » à cause du vent, de la pluie et... des bêtes.

– Des bêtes ? s'est écriée Malika au bord de l'évanouissement. Quelles bêtes ?

– Les bêtes sauvages ! Tu ne connais pas la région ? Camille, tu aurais pu lui dire !

Tonton Boris avait pris son air sérieux. Moi, je sais tout de suite quand il blague. Il fait un léger clin d'œil uniquement perceptible par les initiés. Même Tom a compris et il a insisté :

– Oh là là ! Tu ne l'as pas prévenue pour les bêtes ? T'es vache !

Malika s'est tournée vers moi d'un air désemparé.

– C'est la région des araignées transparentes, a expliqué tonton Boris. Il y en a de toutes les tailles. Le problème, c'est qu'elles piquent et après on a de gros boutons violets.

– Ah quelle horreur ! a crié Malika, blanche de panique.

– Chut... les cris aigus les attirent.

Malika n'a plus prononcé un mot. Une fois les tentes montées, tonton Boris nous a laissés.

– Pourquoi tu ne m'avais pas parlé de ces bestioles ? a demandé Malika, complètement suffoquée. Et tes parents nous laissent dormir dehors ? Ils veulent notre mort ou quoi ?

– Tonton t'a raconté des histoires, l'ai-je rassurée. Il adore faire peur. C'est sa spécialité.

– Mais non, pas du tout. Attends, je sens quelque chose qui monte sur mon pied. Ah ! C'est une araignée !

Elle s'est figée net et elle s'est tapée sur le mollet plusieurs fois pour être sûre de ne pas la louper. Merci pour les bonnes idées, tonton Boris !

Ensuite on a gonflé les matelas, installé les duvets et vidé les sacs dans la tente. Malika a empilé une montagne de vêtements à côté d'elle. Elle avait emporté ses peluches préférées qu'elle ne peut pas quitter, une trousse de maquillage et des CD. On a eu du mal à accrocher son poster de Brad Pitt dans la tente. On a utilisé un rouleau entier de scotch.

Vers dix-neuf heures, on est allés dîner au restaurant de tata Cerise. Malika n'a mangé que du pain. Elle disait qu'elle n'avait pas faim. J'étais sûre qu'elle avait le cafard parce qu'elle était loin de ses parents. Papa a dû s'en douter aussi, car il l'a rassurée :

– Ne t'inquiète pas, tu les reverras tes parents !

Puis on est allées s'acheter une glace avec mon frère. J'en ai profité pour envoyer mon adresse à Rémy. J'avais déjà préparé l'enveloppe et la carte que j'avais décorée avec plein de petits cœurs. J'aurais aimé avoir du temps pour lui écrire plus de choses. Cette histoire d'araignées transparentes l'aurait sûrement fait rire. Malika avait même mis un pantalon pour se protéger des piqûres.

Une fête foraine se préparait et des affiches étaient collées sur les murs :

Concert des Funny Girls
et feu d'artifice le 13 juillet

C'était le groupe préféré de Malika. Elle avait la totalité de leurs CD, une collection impressionnante de posters et elle portait des bracelets de toutes les couleurs comme la chanteuse. Mais à cette date, elle serait déjà partie. Elle doit rentrer avec mon père qui ne peut pas reculer son départ à cause de son travail.

Sur le chemin du retour, elle n'a pas arrêté de dire :

– Ce n'est pas juste, tu as vraiment de la chance de voir le concert.

Elle paraissait drôlement déçue.

On s'était à peine glissées dans les duvets que Malika commençait à se battre avec des araignées transparentes qui ressemblaient plutôt à des moustiques ou à des fourmis. Elle les sentait même entrer dans son sac de couchage.

– Une de moins ! s'écriait-elle toutes les trente secondes en abattant sa vache en peluche au hasard sur la toile de tente.

Je la regardais se déchaîner en pensant à Rémy. J'aurais tellement aimé qu'il soit là ! Un jour peut-être...

Tom s'est énervé parce qu'on faisait trop de bruit. Malika a baissé la voix pour me parler de tout et de rien et principalement des garçons qu'on n'avait pas croisés au village, mais qu'on rencontrerait sur la plage le lendemain matin.

Je me suis endormie en plein milieu de son monologue. Les garçons, c'était son problème après tout. Moi, j'étais tranquille, j'avais Rémy dans mon cœur et sa photo sous mon oreiller. Rémy, Rémy, Rémy.

COUP DE FOUDRE

Pour aller à la plage le lendemain après-midi, on a emprunté le chemin du camping, celui qui passe par la forêt et les dunes. Il a fallu marcher une demi-heure dans le sable brûlant, sous un soleil de plomb, en portant les sacs, le parasol et les raquettes. Papa gonflait ses poumons en admirant le paysage :

– Vous sentez cette odeur de pin ? Ah ! Ça me rappelle tant de souvenirs !

Nous, on sentait surtout nos jambes fatiguées par la longueur du chemin. Malika, qui avait commencé à toute allure, a vite ralenti. Elle traînait derrière comme un escargot en râlant :

– Bonjour les vacances ! Les voitures, ce n'est pas pour les chiens ! À peine arrivés qu'il va falloir repartir… J'espère au moins qu'il y aura des glaces !

Une fois au pied des dunes, elle a jeté son sac par terre, s'est assise et a demandé :

– Pfff ! C'est le Sahara ici, ou quoi ?

Mes parents et mon frère étaient loin

devant. Malika avait raison, c'était pire que le Sahara. Des gouttes de sueur glissaient dans mon dos. Mon tee-shirt était moite. Elle a sorti une barrette et une brosse de son sac. Tout à coup, deux garçons avec une planche de surf sous le bras se sont approchés de nous. Je me suis sentie mal à l'aise, sans doute à cause du soleil... Ils avaient environ treize ans. Le plus grand était bronzé. Il avait les cheveux en pétard, châtains à la racine et blonds aux pointes. Il portait juste un caleçon, une serviette autour du cou et un bracelet en cuir. L'autre était plus petit avec les cheveux jusqu'aux épaules et le teint plus pâle. Je savais qu'ils plairaient à Malika. Moi, je n'aime pas les types qui se donnent un genre pour crâner, surtout le grand qui se croyait beau.

– Tu veux de l'aide pour porter ton sac ? ont-ils proposé à Malika qui accrochait sa barrette.

Malika a sursauté. Elle a enlevé et remis ses lunettes trois fois de suite.

– Non... euh... oui, pourquoi pas ? a-t-elle bégayé, sous le choc de l'émotion.

Le plus grand a pris le sac de Malika et a commencé à escalader la dune. Cette fois, elle n'a pas fait d'histoires, elle lui a emboîté le pas sans râler. J'avais les mains tellement moites que mon sac a glissé. Encore un peu et je tombais dans les pommes.

– Toi aussi tu es trop fatiguée ? m'a demandé le petit aux cheveux longs.

– Non non, je...

Je ne voulais pas d'aide de sa part, mais si je me baissais pour ramasser mes affaires je m'écroulerais par terre. Il a saisi mon sac que je lui ai tout de suite arraché des mains. Aucun autre garçon que Rémy n'avait le droit de toucher à mes affaires. J'ai gravi la dune derrière eux en écoutant leur discussion d'une oreille distraite.

– Vous êtes aussi au camping des Grands Pins ? ont-ils demandé.

Je n'avais aucune envie de répondre. J'ai laissé Malika se débrouiller :

– Non, on fait du camping à côté du camping, chez la tante de Camille.

Il se sont tournés vers moi. Le grand m'a scrutée de bas en haut, l'air de penser : « Elle n'a pas peur du ridicule celle-là avec ses claquettes Petite Sirène, son short trop court et son bob trop large. » Et lui avec sa tête à claques, il n'avait pas peur du ridicule ? Je m'en fiche, je suis comme je suis. Rémy m'aime, c'est le principal.

– Moi c'est Alex et mon frère c'est Hans. On est hollandais.

J'ai pensé : « Ça me fait une belle jambe. »

– Ah oui ? Vous parlez drôlement bien le français, s'est émerveillée Malika.

– Notre mère est française. Elle habitait ici avant.

Je n'ai pas pu m'empêcher d'intervenir :

– Elle doit connaître ma tante Cerise alors ?

– Qui ça ?

Malika m'a jeté un œil noir, l'air de dire « Si c'est pour raconter n'importe quoi, tu ferais mieux de te taire ». Elle était en pleine opération séduction, il ne fallait pas la déranger.

Lorsqu'on est arrivés sur la plage, Alex a posé les affaires de Malika et il est parti avec Hans du côté réservé aux surfeurs.

On les a regardés s'éloigner, immobiles. Je venais ici tous les étés depuis des années et je n'avais jamais fait connaissance avec le moindre garçon. Malika arrivait et on rencontrait deux Hollandais le premier jour !

– C'est où la Hollande déjà ? Près de la Russie ? m'a-t-elle demandé sans lâcher Alex et Hans des lunettes.

– Je ne sais pas.

– Tu es la première de la classe et tu ne sais même pas où est la Hollande ?

Elle a baissé légèrement la tête pour me scruter par-dessus ses lunettes de soleil.

– Sincèrement, tu le trouves comment Alex ?

– Un beau crâneur ! ai-je répondu.

– Ah bon ? C’est tout ?

– Non, ce n’est que le début. Je continue ?

– Tu n’as aucun goût !

On a éclaté de rire et on a dévalé la plage jusqu’à la mer.

PAPOTAGE À LA PLAGE

On n'a pas eu le temps de s'habituer à la température de l'eau. Des vagues énormes nous ont trempées de la tête aux pieds en moins de dix secondes. Ensuite, on a étalé nos serviettes à deux mètres du parasol de mes parents. Malika a tiré son maillot de bain au maximum pour ne pas avoir les marques du bronzage. Moi j'ai mis le moins possible de crème solaire, mais ma mère passait toutes les cinq minutes pour m'en remettre une couche. Tout à coup, Malika s'est tournée vers mes parents et leur a demandé :

– C'est où la Hollande ?

Qu'est-ce qui lui prenait ? Elle devenait folle ? Elle n'allait quand même pas leur raconter qu'on venait de rencontrer des garçons ! Ils nous boucleraient dans la tente tous les soirs à vingt heures et nous obligeraient à rester sans bouger sous le parasol !

– C'est entre la Belgique et l'Allemagne. Pourquoi ?

C'est bien connu : lorsqu'on pose une question à mes parents, ils répondent systématiquement par une autre question. C'est la raison pour laquelle je préfère consulter un dictionnaire, lui au moins ne me pose pas de questions indiscrètes.

– On a rencontré des Hollandais super-sympas sur le chemin, a répondu Malika sans se méfier. Hein, Caillou ?

En plus elle me mettait dans le coup !

Au loin, les deux Hollandais surfaient sur leur planche. Malika ne les lâchait pas des yeux. Elle commentait leurs exploits. J'avais mis mes lunettes avec les petites étoiles dorées. Ensuite, on s'est allongées sur le ventre et on a feuilleté le dernier *Chérichéri*. Certaines lettres du courrier des lectrices nous ont fait rire à en avoir mal au ventre. Malika en a lu une tordante tout haut :

« Chère Nathalie,

Je sors avec X et je l'aime. Le problème c'est qu'il veut m'embrasser tout le temps, dans le bus, devant le collège et même quand un professeur tourne le dos pour écrire au tableau. Moi je me passerais bien de ses bisous, surtout quand il a un chewing-gum dans la bouche, je trouve ça dégoûtant. En plus il ne se lave jamais les dents. Je ne sais pas comment lui dire la vérité sans le blesser. Qu'est-ce que je dois faire, chère Nathalie ? Je suis vraiment très amoureuse de lui et je ne veux pas le perdre. Mais quand il m'embrasse, j'ai vraiment envie de vomir. Ma vie est un enfer. Aide-moi vite. Une fidèle lectrice. »

– Moi j'aurais un conseil, a gloussé Malika, donne ton copain à ta pire ennemie !
– Eh bien, c'est du propre ! s'est exclamée maman qui nous écoutait d'une oreille.

Soudain on a senti des gouttes froides qui tombaient sur nous. J'ai pensé que Tom nous faisait une mauvaise farce avec son pistolet à eau quand j'ai entendu :
– Vous venez faire un volley avec nous ?
À cette voix, j'ai bondi. C'était Alex et Hans. Malika a sauté de joie et a dit oui sans me demander mon avis.
– Tu sais jouer au volley ? me suis-je étonnée.
Elle a fait sa tête de dégoûtée en guise de réponse et on a éclaté de rire.
J'ai confié mes lunettes à mon frère qui s'était assis sur le bord du terrain tracé dans le sable pour regarder le match. La partie promettait d'être périlleuse pour mon équipe. J'étais dans celle de Hans, avec deux autres garçons qui ne parlaient pas un mot de français, et Malika dans celle d'Alex. En effet, j'étais un vrai boulet.
– Tu joues mal exprès pour faire gagner

ta copine ? s'est inquiété Hans très poliment, sans se douter que je faisais de mon mieux.

Je n'y peux rien si je suis myope et si j'ai peur du ballon ! Hans était sympa et ne m'en voulait pas trop quand je loupais un point. Mais ses deux copains soupiraient lourdement.

Malika se débrouillait plutôt bien. Alex lui donnait des conseils et lui passait souvent la balle. Leurs gloussements commençaient déjà à me taper sur les nerfs.

À la fin de la partie, Alex nous a demandé :

– Vous venez à la fête ce soir ?

– Peut être bien que oui…

– Peut-être bien que non…

Je préférais avoir la permission de mes parents avant de m'engager.

On a couru les rejoindre.

Sur le chemin du retour, j'ai pensé à ce que j'allais écrire à Rémy dans ma première lettre : « Tu me manques, je pense tout le temps à toi… » Je comptais lui envoyer trois pages recto verso, mais bizarrement je n'étais pas très inspirée. Je ne pouvais quand même pas lui parler de notre rencontre avec Hans et Alex et de l'invitation pour ce soir. Bon, je me laissais une journée pour réfléchir.

CHOCS AUX AUTOS TAMPONNEUSES

Dès qu'on est rentrées de la plage, on a pris une douche. Ensuite on a fait des essayages dans la salle de bains pour savoir comment on allait s'habiller à la fête foraine. J'ai opté pour la minijupe jaune et le tee-shirt court de Malika. Elle a choisi sa robe brillante. J'avais les épaules cramoisies par le soleil. C'était très moche. Maman nous a autorisées à nous maquiller « mais pas comme des pots de peinture ». On s'est aspergées d'eau de toilette *À la folie*. J'ai pris mon petit sac à dos et on est partis tous ensemble.

Mes parents se sont installés chez tata Cerise. On a emmené Tom faire un tour au tir à la carabine. C'était un bon prétexte pour vérifier si Alex et Hans étaient dans les parages. On a déambulé autour des stands, mais on n'a trouvé personne. Tom s'impatientait :

– Qu'est-ce qu'on attend ? On va faire du tir à la carabine ou quoi ?

On l'a accompagné sur le stand.

– C'est malin, a ronchonné Malika, on est trop en avance ! Ils vont arriver quand on va rentrer se coucher !

À la fin de la partie de Tom, on a rejoint mes parents.

Vers vingt et une heures trente, Malika a insisté pour faire un dernier tour avant de rentrer. Sur ses conseils, j'ai retiré mes lunettes. Je ne voyais plus rien à un mètre à la ronde. Elle me tenait par la main et me guidait en hurlant :

– Attention marche ! Attention poteau !

Je n'étais quand même pas aveugle ! Elle m'a emmenée jusqu'aux autos tamponneuses qui étaient entourées d'une foule compacte.

– Ils sont là ! a-t-elle hurlé. Alex ! Hou hou !

Il ne risquait pas de l'entendre avec cette musique de fou qui nous cassait les oreilles. Hans nous a finalement remarquées et nous a fait signe de les rejoindre.

– On ne pourra jamais passer, ai-je déclaré, coincée contre la barrière.

J'aimais autant. Comment avouer à Malika sans passer pour une rabat-joie que mes parents interdisaient les autos tamponneuses ?

– C'est leur tour, m'a-t-elle indiqué. Ils sautent dans les voitures. Mais qu'est-ce qu'ils font ? Ils viennent vers nous !

En moins de deux, ils étaient à nos pieds. Alex a proposé à Malika de monter avec lui. Elle a escaladé la barrière et m'a entraînée malgré ma jupe trop étroite. Elle m'a poussée dans la voiture que conduisait Hans.

Si mes parents nous surprenaient dans ces bolides, on allait passer un mauvais quart d'heure. Ils ne me croiraient jamais quand je leur expliquerais que j'étais montée là-dedans contrainte et forcée.

Aldo, le responsable des autos tamponneuses, a crié dans le micro :

– Allez allez, on appuie sur l'accélérateur, les enfants ! C'est la fête, on s'amuse, on rigole, même la petite blondinette dans la voiture verte !

Je ne m'amusais pas du tout. J'étais secouée dans tous les sens et j'avais mal au cœur comme dans le grand 8. Malika hurlait de rire. Je l'entendais à l'autre bout de la piste. Moi, je claquais des genoux. Hans essayait de me parler, mais je ne comprenais pas un mot à cause de la musique. Je répondais « oui oui » à toutes ses questions et j'enfonçais mes ongles dans le siège à chaque fois qu'on nous rentrait dedans. Quel cauchemar. Ah, si Rémy avait été là ! On aurait fait une promenade sur la plage et j'aurais échappé à ce supplice ! Il m'aurait murmuré des « je t'aime » et même les étoiles auraient écouté sa voix douce.

– Et cinq minutes cadeau pour les pros des autos tamponneuses ! a hurlé Aldo dans son micro. C'est la fête, on s'amuse, on s'éclate, les jeunes ! Même la petite blondinette qui va bientôt passer par-dessus bord !

Cette fois, c'était trop. Tous les regards étaient braqués sur moi. Hans me tenait par mon sac à dos pour que je ne descende pas de la voiture en plein milieu de la piste. Quand enfin j'ai mis pied à terre, tout tournait autour de moi. Hans était hilare.

– Tu vas bien ? m'a-t-il demandé.

J'avais envie de lui mettre une claque. Malika sautait dans tous les sens en hurlant :

– Génial, on recommence ?

Mais la file d'attente était trop longue et ils ont préféré manger une glace. Je l'avais échappé belle.

On a dégusté tranquillement notre glace italienne assis sur le rebord de la fontaine, jusqu'au moment où Malika s'est exclamée qu'elle avait trop chaud.

– Tiens, ça refroidit ! a lancé Alex.

Paf ! Il lui a mis la glace dans le nez.

Malika a ri. Elle était toute barbouillée. Elle a plongé la main dans la fontaine et a arrosé Alex sans hésiter.

Il l'a prise dans ses bras en la serrant parce qu'elle se débattait. Elle a hurlé des mots incompréhensibles. Il l'a plongée dans l'eau en éclaboussant tout le monde. Elle a fait de gros yeux effarés et a crié :

– Ah ! C'est froid !

Et elle est ressortie trempée. Sa glace était par terre. Même sans lunettes je voyais que sa robe lui collait aux jambes et devenait transparente. C'était ridicule ! Tous les passants regardaient la scène. Soudain, j'ai entendu une voix familière déclarer :

– On rentre, les filles. Eh bien Malika, tu ne t'es pas assez baignée aujourd'hui ?

C'était mon père avec Tom.

– Et moi, je n'ai pas eu de glace ! s'est exclamé mon frère.

J'ai vite remis mes lunettes. Malika n'a même pas essayé de négocier pour rester plus longtemps. Elle devait se sécher. Moi j'en avais par-dessus la tête de la foule, de la musique et des Hollandais. J'avais envie d'être seule pour penser à Rémy.

ESCAPADE NOCTURNE

Il faisait une chaleur étouffante dans la tente et on n'arrivait pas à s'endormir. Malika avait oublié les araignées transparentes et ne me parlait plus que d'Alex. Alex par-ci, Alex par-là... Je l'écoutais en jouant avec la lampe torche quand soudain elle m'a demandé :

– Tu penses quoi de Hans ?

– Hans ? Pourquoi cette question ?

– Disons que si tu sortais avec lui ça simplifierait les choses...

Je n'en revenais pas : elle me proposait purement et simplement de trahir Rémy. Je me suis redressée en lui envoyant la lumière en pleine figure.

– Et Rémy ? me suis-je indignée.

– Ah ! Rémy... je l'avais oublié celui-là.

Elle m'a pris la lampe des mains et l'a éteinte.

– Eh bien pas moi, figure-toi, ai-je répliqué d'un ton sec.

– Avant tu me saoulais avec lui et maintenant tu n'en parles plus ! Je croyais que tu l'avais mis aux oubliettes !

Moi, je la saoulais ? Et avec son Alex, elle ne me saoulait pas peut-être ? Non, Rémy n'était pas aux oubliettes, il était bien au chaud dans mon cœur.

J'ai fait semblant de dormir pour éviter de poursuivre la discussion. Je n'avais plus envie de lui parler. De toute façon, elle n'avait plus d'oreilles pour m'écouter. Depuis cet après-midi, elle ne pensait qu'à elle.

Vers minuit, j'ai entendu des rires dans le chemin qui mène au camping et j'ai reconnu les voix de Hans et Alex.

– Malika, tu dors ? ai-je chuchoté.

– Non, et toi ?

– Ben non. Tu as entendu ? C'était eux.

– Absolument pas ! Tu peux me croire, j'étais très bien réveillée, moi... Et si on allait faire un tour au camping ?

– À cette heure ?

– Allez, s'il te plaît... Tu m'avais promis de m'aider à trouver un amoureux, rappelle-toi !

J'étais bien obligée de tenir ma promesse.

J'ai remonté discrètement la fermeture

de la tente. Le ciel était étoilé et les lumières de la maison éteintes.

– C'est bon, on peut y aller, ai-je murmuré.

D'après mon souvenir, le passage se trouvait du côté des framboisiers. Je l'avais repéré l'année dernière lors d'une partie de cache-cache avec mes cousins.

On s'est débarrassées de nos duvets tant bien que mal. En refermant la tente, Malika s'est coincé une mèche de cheveux dans la fermeture. Je l'ai arrachée d'un coup sec et elle a poussé un petit cri. Heureusement, personne ne l'a entendue. Ensuite on a enjambé les framboisiers en chemise de nuit, on s'est faufilées derrière les peupliers, on a franchi le grillage et on s'est enfoncées dans l'allée du camping recouverte d'épines de pins. Pieds nus, ce n'était pas agréable. On se soutenait l'une et l'autre.

– Et si on se fait prendre par le gardien, qu'est-ce qu'on va dire ? me suis-je inquiétée.

– Je joue la somnambule et on fait demi-tour.

C'était une bonne idée.

Les premières tentes étaient silencieuses, les gens dormaient. Mais plus loin, on discernait la mélodie d'une guitare.

– C'est eux, m'a assuré Malika.

Soudain, un chien a aboyé. Pas de doute, il se dirigeait vers nous. J'ai pointé ma lampe de poche sur lui. C'était un petit caniche blanc.

– Qu'est-ce qu'il nous veut, ce roquet ? a râlé Malika en lui lançant une pomme de pin. Va-t'en sale chien, pchittt !

Mais le caniche s'est précipité sur la pomme de pin et l'a rapportée à Malika. On a fait demi-tour et on s'est enfuies à toutes jambes en laissant le caniche aboyer à la mort.

On est arrivées aux framboisiers au moment où tata Cerise et tonton Boris rentraient se coucher. J'ai soufflé à Malika :

– Baisse-toi !

Mon cœur s'est mis à battre à toute allure. On est restées accroupies sans bouger. Ma tante s'est retournée.

– Tu n'as pas entendu un bruit ? a-t-elle demandé.

– Si, un cri de crocodile, a répondu tonton Boris. Vite, rentre !

Elle a sorti ses clefs et a allumé la lumière de l'entrée. On en a profité pour filer dans notre tente à quatre pattes. Au moment où on a tiré la fermeture éclair, la fenêtre du premier étage s'est ouverte.

– Je me disais bien que j'avais entendu des crocodiles ! s'est exclamé tonton Boris.

On s'est figées net.

– On est allées faire pipi, a expliqué Malika.

– Pas sur mes framboises, les filles, merci ! Et bonne nuit !

On s'est engouffrées dans la tente et on a éclaté de rire. Malika nous avait sauvées.

Elle m'a expliqué la stratégie efficace qu'elle avait élaborée pour attirer Alex dans ses bras le lendemain. Un, lui faire raconter sa vie pour le mettre en confiance. Deux, énoncer toutes ses qualités, en inventant s'il le fallait. Trois, prévoir un rendez-vous où elle se retrouverait seule avec lui.

– Qu'est-ce que tu en penses, Caillou ?

Je pensais surtout à Rémy et j'avais envie de dormir. J'ai fait semblant d'approuver son plan même si je trouvais qu'on s'amusait aussi bien toutes les deux.

OK POUR LE BIVOUAC

Le lendemain, on a attendu les Hollandais tout l'après-midi sur la plage. Enfin plus exactement, Malika a attendu Alex. J'avais été si ridicule la veille aux autos tamponneuses que je préférais ne pas les revoir. Malika a insisté pour qu'on les cherche. Alex et Hans s'étaient peut-être installés plus loin. On s'est promenées les pieds dans l'eau, mais on n'a vu personne du groupe. Ni les deux garçons qui étaient dans mon équipe de volley, ni la fille qui semblait beaucoup plus âgée que nous. Malika était très déçue.

– Ils se sont couchés tard. Ils doivent faire la sieste, ai-je déclaré pour la rassurer.

Soudain elle s'est arrêtée comme si une méduse l'avait piquée et elle s'est tapée sur le front.

– Et s'ils repartaient en Hollande aujourd'hui ?

– Tu crois ?

– On n'a pas leur adresse et on ne connaît même pas leur nom de famille ! Comment on va faire pour les retrouver là-bas ?

Malika était au bord de la crise de nerfs. Ses mains tremblaient. On a pris nos sacs, on a laissé Tom et mes parents en prétextant que Malika avait mal à la tête et on est parties au camping. Il fallait qu'on en ait le cœur net.

À l'accueil, le réceptionniste n'a même pas consulté son vieux cahier jauni avec la liste des campeurs.

– Les Hollandais ? Ah oui, ils sont encore ici ! Les jeunes, je les ai placés à côté des sanitaires, comme ça ils ne dérangent personne. Vous les trouverez facilement, ils font suffisamment de bruit, on ne peut pas les louper.

Près de deux tentes orange d'où s'échappaient des éclats de rire, un groupe de jeunes jouait aux cartes. J'ai reconnu les deux garçons de mon équipe et la fille, mais on n'a vu ni Hans ni Alex.

Malika est restée immobile au milieu du chemin, à les observer et à se poser mille questions sur Alex.

– Vas-y, parle-leur, m'a-t-elle ordonné en

me poussant du coude, tu es meilleure que moi en anglais.

J'ai essayé de me souvenir de quelques phrases d'anglais, mais tout ce que j'avais appris cette année m'était sorti de la tête.

– Euh... sorry, euh, do you speak english, please ?

J'ai parlé si doucement que personne ne m'a entendue. Puis une fille avec une boucle d'oreille dans le nez nous a aperçues et a marmonné quelque chose d'incompréhensible. Deux têtes se sont tournées vers nous.

– Alex... Hans ! s'est exclamée Malika.

On ne les avait même pas reconnus ! D'accord ils nous tournaient le dos, mais quand même...

– Qu'est-ce que vous faites là ?

J'ai laissé Malika se débrouiller pour la suite de la conversation.

– Rien, on passait. Vous n'êtes pas venus à la plage aujourd'hui ?

– Non, on est allés louer des canoës. On part bivouaquer au lac tout à l'heure avec nos parents, enfin pas trop près d'eux quand même...

– Ah, génial ! s'est exclamée Malika.

– Bivouaquer ? ai-je demandé.

– On prend les sacs de couchage, de la

nourriture et on va dormir à la belle étoile dans un endroit où on peut faire tout le bruit qu'on veut sans déranger personne. Ce n'est pas le rêve ?

Malika l'a regardé avec de gros yeux.

– Dormir à la belle étoile ! s'est-elle indignée.

Pour elle, ce n'était pas le rêve du tout. Elle qui a peur de dormir sous une tente à cause des petites bêtes, comment imaginer dormir dehors ?

– Et les araignées, vous n'avez pas entendu parler des araignées transparentes qui font des boutons violets ? a-t-elle demandé, interloquée.

Ils ont éclaté de rire. Je voulais partir en courant tellement j'avais honte.

– On craint plutôt les serpents à deux têtes, a renchéri Hans. Sans plaisanter, vous voulez venir ? On a un canoë en rab.

Je n'étais jamais montée sur un canoë et la proposition me tentait. En plus, j'aurais des histoires originales à raconter à Rémy. Ce n'étaient pas trois pages recto verso que j'allais lui écrire, mais au moins six et dès ce soir !

– Euh... pourquoi pas ? ai-je répondu, quand même un peu hésitante.

– Il faut qu'on demande l'autorisation à tes parents, a répliqué Malika, prudente.

– Dépêchez-vous, on s'en va dans une heure !

En rentrant à la maison, Malika marmonnait :

– Sous la tente, maintenant dehors... j'ai hâte de retrouver mon lit douillet ! Ils n'auraient pas pu nous inviter au cinéma comme tout le monde ?

Moins ça lui plaisait et plus j'avais envie d'y aller. Décidément, on n'était jamais sur la même longueur d'onde en ce moment.

Je tournais dans le salon en guettant le retour de mes parents. Malika était écroulée au fond du canapé et serrait sa vache en peluche dans ses bras. Elle avait allumé la télé. L'heure tournait et mes parents n'arrivaient pas. Encore dix minutes et notre plan tombait à l'eau.

– C'est trop tard ! a conclu Malika. Tant pis, on reste là. On ne va pas en mourir !

– Et si on leur laissait un mot sur la table ? ai-je proposé.

– Tu as vraiment envie de te fâcher définitivement avec tes parents ?

Malika est prête à tout quand elle est

motivée. Mais quand elle ne l'est pas, il faut se lever de bonne heure pour la convaincre.

Elle a continué à zapper sur toutes les chaînes. Soudain, j'ai aperçu mes parents et mon frère par la fenêtre. Je leur ai sauté dessus avant même qu'ils ouvrent la grille.

– On peut aller bivouaquer ce soir ? C'est pressé. On part dans cinq minutes. Alors, c'est oui ?

– Ouh, on se calme ! a déclaré maman. Avec qui comptez-vous partir ? On connaît ?

– Oui, les Hollandais. On a joué au volley avec eux hier et on a fait un tour d'auto tampo... euh... on a mangé une glace à la fête.

– Donc on ne les connaît pas vraiment.

– Vite, il nous reste trois minutes. Je vous en supplie !

– On ne peut pas vous laisser partir comme ça. Vous êtes inconscientes !

J'avais envie de les étrangler. Qu'est-ce qu'il leur fallait de plus ? Leur passeport ? Leur carte de groupe sanguin ? Un mot de leurs parents ? C'est alors que j'ai vu le groupe de Hollandais sortir du camping avec les canoës. Alex et Hans se sont approchés de nous.

– C'est eux ! ai-je proclamé en les désignant du doigt.

Mes parents les ont scrutés des pieds à la tête et leur ont posé une dizaine de questions : « Vous allez où ? Vous revenez quand ? Et avec qui ? Vos parents viennent avec vous ? Vous mangerez quoi ? Le lac est bien surveillé ? » Et j'en passe. Alex et Hans ont été parfaits, polis et rassurants.

– La prochaine fois, prévoyez vos sorties à l'avance, m'a lancé maman.

Ça voulait dire qu'elle était d'accord. On a préparé nos affaires vite fait. Malika a emporté sa vache, elle ne peut pas s'en séparer, et on les a rejoints. Je n'avais pas le temps d'écrire la lettre à Rémy avant de partir. Je me rattraperais demain.

À LA BELLE ÉTOILE

Avant d'embarquer, on a marché jusqu'au lac derrière la forêt de pins. Malika et moi portions le bidon étanche, à l'intérieur duquel on avait mis nos affaires. Hans s'était proposé pour prendre notre canoë. On n'a pas dit non parce que ce n'est vraiment pas commode à transporter. Lorsqu'on est arrivés au lac, Malika a déclaré :

– Nous, on reste ensemble.

Cette idée la rassurait, moi pas vraiment. Hans nous a donné quelques explications pour qu'on ne chavire pas. Malika disait « oui oui » sans arrêt, alors qu'elle n'écoutait rien tellement elle était pressée de monter dans le canoë.

Elle a pris place à l'avant du *Titanic*, le nom de notre canoë. Très rassurant ! Avant de la rejoindre, j'ai précisé :

– On ne joue pas aux autos tamponneuses, cette fois-ci.

Et on est partis. Malika m'envoyait de l'eau dans la figure à chaque coup de pagaie et on n'avançait pas beaucoup. Les

Hollandais étaient obligés de nous attendre. Il faut dire qu'on n'avait pas de chance avec notre canoë caractériel. Il était attiré par les rochers qui longeaient la rive. On n'arrivait pas à le diriger vers le milieu du lac.

– À croire qu'on n'est pas douées ! s'est exclamée Malika qui faisait la majorette avec sa pagaie.

Aux regards que nous lançaient les deux garçons qui étaient dans mon équipe de volley, ça ne faisait aucun doute : on n'aurait jamais dû les suivre tellement on était nulles.

La petite île au centre du lac était sûrement ravissante, bordée d'arbres verdoyants traversés par les derniers rayons du soleil couchant, mais j'étais trop concentrée sur ma pagaie pour apprécier le paysage. Soudain, j'ai senti un choc effrayant à l'arrière du canoë. Je me suis retournée : Hans se croyait encore aux autos tamponneuses. Malika s'est levée d'un coup et a hurlé :

– On n'aurait jamais dû venir, je le savais. C'est un piège, ils veulent se débarrasser de nous !

Plus elle paniquait et plus les Hollandais riaient autour de nous. Elle a voulu descendre du *Titanic*. On était près de l'île mais pas assez pour qu'elle ait pied. Le canoë a penché dangereusement de son côté.

Je me suis inclinée de l'autre côté pour tenter de faire contrepoids, mais on a chaviré brutalement.

On s'est retrouvées la tête la première dans l'eau verdâtre et glacée. Notre noyade n'a duré qu'une seconde, mais j'ai cru qu'on allait mourir. J'ai juste eu le temps de dire adieu à Rémy et de rattraper mes lunettes. Les garçons nous ont redressées tout de suite.

Je toussais sans m'arrêter parce que j'avais bu la tasse.

– Je ne veux plus monter sur ce machin, pleurait Malika avec une algue verte sur la tête. C'est un monstre !

– Tout le monde est passé par là, l'a rassuré Alex. C'est le baptême du *Titanic*.

On a continué la promenade, trempées de la tête aux pieds. On a enfin accosté une plage d'herbes hautes. J'étais frigorifiée. Malika claquait des dents. Notre canoë rempli d'eau pesait une tonne lorsqu'il a fallu le tirer sur la berge. Malika a ouvert notre bidon pour prendre des affaires sèches. Elle a sorti son sac de couchage et sa vache en peluche et elle a fait sa grimace de dégoûtée.

– C'est tout mouillé !

Le bidon était percé ! Les garçons nous ont prêté des pulls. On a étalé nos duvets près du feu pour qu'ils sèchent. On était épuisées. Alex jouait de la guitare pendant que Hans faisait les sandwichs au jambon et sortait les bouteilles de Coca. Pour le dessert, on a mangé des chamallows.

– C'est bien meilleur, grillé en brochettes, nous a assuré Hans. Le chamallow fond en faisant des petites bulles et on n'a même pas besoin de mâcher. Un vrai délice !

– C'est une recette de Hollandais ! a lancé Malika en faisant la grimace.

On s'est couchés près du feu. J'ai regardé les flammes s'éteindre et quand je me suis tournée vers Malika, j'ai eu un choc : elle était dans les bras d'Alex.

Qui avait fait le premier pas ? Elle ou lui ?

J'avais envie de pleurer. J'aurais aimé que Rémy soit là pour ne pas me sentir si seule. Hans m'avait prêté un écouteur de son discman et j'observais les étoiles en écoutant un rock hollandais plutôt étrange.

TITANIC

J'avais l'impression que seules les étoiles comprenaient mon désarroi. Je me suis endormie avant la fin du CD.

Le lendemain matin, un monsieur est venu chercher les canoës et nous a ramenés au camping dans sa camionnette. Malika s'est assise sur les genoux d'Alex qui, pendant tout le trajet, m'a lancé des regards bizarres. J'avais l'impression qu'il voulait s'excuser d'être avec elle.

On est passées à la maison pour étendre nos affaires encore humides. Malika a fait le récit de notre bivouac à mes parents.

– On s'est bien débrouillées pour des débutantes, a-t-elle conclu.

– Vous n'avez pas eu peur ? s'est inquiété Tom.

– Peur ! Tu rigoles ! C'est pas les chutes du Niagara quand même ! Et toi, t'as eu la trouille, Camouille ?

J'ai haussé les épaules. Malika était vraiment capable de déformer la réalité pour ne pas avouer qu'elle avait eu la frousse de sa vie.

Puis maman nous a demandé si on venait à la plage avec eux l'après-midi. Malika m'a fait un signe bizarre de la tête et a déclaré :

– On a rendez-vous avec Alex au cinéma.

– En plein après-midi ? s'est étonnée maman.

– C'est la seule séance de la semaine.

– Alors vous nous rejoindrez à la plage après.

On a déjeuné avec mes parents et on a filé à la salle des fêtes. Je n'étais pas très enthousiaste, même pour voir le dernier film avec Julia Roberts. Tenir la chandelle, non merci !

– Au fait ton Rémy, pas de nouvelles ? m'a demandé Malika.

Si, j'avais eu des nouvelles : une carte postale d'un château avec des remparts. Il avait écrit au dos « Souvenirs de Carcassonne. Bisous ensoleillés. Rémy. » C'est tout. Quand j'avais lu cette carte, j'avais vraiment été déçue. Il aurait pu se donner plus de mal.

RAS LE BOL DES POTS DE COLLE

On attendait Alex sur le trottoir de la salle des fêtes depuis vingt minutes. Les spectateurs commençaient à entrer et il n'arrivait toujours pas. Qu'est-ce que je faisais là ? Malika ne me parlait même pas. Elle restait en équilibre sur le bord du trottoir, droite comme un piquet. À ses sourcils froncés, je voyais bien qu'elle maudissait Alex. J'ai suggéré :

– On n'a qu'à prendre nos places et s'installer. Il nous rejoindra quand il arrivera.

– Tu fais comme tu veux, moi je l'attends dehors, m'a-t-elle envoyé d'un ton sec.

Malika n'était pas de bonne humeur. Il faut avouer qu'on n'avait pas beaucoup dormi cette nuit-là. Je ne pouvais pas la laisser toute seule dans cet état. Je suis restée sur le bord du trottoir à côté d'elle.

– Ou alors, on lui prend un billet et on lui garde une place, ai-je proposé.

– Et puis quoi encore ? S'il ne vient pas,

on n'aura pas l'air malignes avec une place en trop ! Mais vas-y toi, si tu veux.

Elle m'a lancé son regard assassin. J'ai reculé d'un pas pour me faire oublier. Elle me fait peur quand elle est en colère. Pourquoi me proposait-elle d'y aller toute seule alors qu'elle m'avait demandé de venir ? Peut-être qu'elle regrettait de m'avoir invitée et qu'elle cherchait à m'évincer pour être tranquille avec Alex.

Je me torturais l'esprit à trouver des réponses quand le monsieur moustachu de l'entrée a fermé la porte en déclarant aux spectateurs qui restaient :

– C'est complet, m'sieu dames !

Certains ont essayé de négocier, mais le monsieur moustachu était catégorique :

– Question de sécurité, m'sieu dames.

On avait attendu une demi-heure pour rien ! J'entendais déjà ma mère s'exclamer en nous voyant revenir : « Vous n'êtes vraiment pas dégourdies ! »

– Maintenant c'est trop tard, a conclu Malika dépitée. Allez, on va à la plage.

On avait à peine traversé la rue qu'Alex a déboulé vers nous.

– Désolé, les filles, je suis en retard.

Non ? on n'avait pas remarqué ! J'aurais préféré qu'il ne vienne pas du tout. Il me regardait avec insistance pour voir ma réaction. J'ai laissé Malika lui répondre. Au lieu de l'envoyer promener, elle lui a souri et a dit d'une voix douce :

– Ce n'est pas grave.

Comment ça, ce n'était pas grave ? Malika se laissait marcher sur les pieds maintenant ? C'était quand même à cause de lui qu'on ratait la seule séance de ciné de la semaine ! Qu'est-ce qui lui arrivait tout à coup à ma copine, elle qui d'habitude ne loupait pas une occasion pour dire aux garçons ce qu'elle pensait d'eux en face ? Elle souriait et l'embrassait dans le cou ! L'amour rend vraiment aveugle !

– On va le voir ce film ? a interrogé Alex.

– C'est trop tard, il n'y a plus de place, ai-je proclamé avec un soupçon d'amertume.

– Ah oui ? Vous allez voir les super-pouvoirs d'Alex le Grand !

Il allait être déçu.

On est entrés dans le hall de la salle des fêtes. Le moustachu est descendu de sa cabine de projection. Et à ma grande surprise, il a serré la main d'Alex comme s'il le connaissait depuis des années. Ça y était, je le reconnaissais ! C'était le monsieur qui nous avait ramenés dans sa camionnette après notre balade en canoë.

– Tu nous as gardé des places ? a demandé Alex.

– C'est archi-complet, a rétorqué l'autre. Vous pouvez vous asseoir devant si vous voulez, mais je ne vous garantis pas le grand confort.

Lorsqu'on s'est installés, le film venait juste de commencer. Il faisait une chaleur étouffante dans la salle. On s'est assis par terre, devant le premier rang. Alex tenait la main de Malika, les doigts entre les doigts. Elle ne m'a pas adressé un seul regard de toute la séance pour voir si j'allais bien. J'aurais été à la plage, ça aurait été pareil, voire mieux. Rien n'était plus comme avant depuis qu'elle avait croisé Alex. Avait-elle oublié qu'on resterait toujours les deux meilleures copines du monde comme on se l'était promis ? Et si c'était lui qui lui montait la tête contre moi ? Je le détestais. Je ne répondais même plus à ses regards insistants et à ses questions hypocrites :

– Tu es bien assise Camille ? Tu n'as pas trop chaud ? Tu veux un chewing-gum ?

À la fin de la séance, on a attendu Malika à la sortie des toilettes. J'étais bien embarrassée de me retrouver seule avec Alex, et lui aussi. On ne savait pas quoi se dire. Au bout d'un moment, j'ai pris mon air inspiré, j'ai redressé mes lunettes et j'ai déclaré :

– Je me suis toujours demandé si les acteurs au cinéma s'embrassaient réellement sur la bouche.

Cette remarque l'a interloqué. Il m'a regardée fixement. Il s'apprêtait à me répondre quand Malika est sortie des toilettes en s'écriant :

– Mais non, banane, c'est un trucage ! En vrai, ils mettent la main devant leur bouche.

– Ça se verrait ! s'est exclamé Alex.

– On essaye ? Caillou, tu nous dis si tu vois la différence entre un vrai baiser et un baiser de cinéma.

Et elle l'a embrassé sous mes yeux sans mettre sa main devant sa bouche.

Que faire ? Partir en courant ? Je suis restée immobile, incapable de faire un pas.

– Alors ? m'a questionné Malika, avec un sourire jusqu'aux oreilles.

– Alors quoi ?

Elle a fait une tête bizarre. J'ai tourné les talons. Ils ont éclaté de rire et on est sortis du cinéma.

DE L'AIR

Alex a insisté pour que je les accompagne à la piscine découverte. Si mes parents apprenaient qu'on était à la piscine alors qu'il y avait la mer à côté, ils seraient furieux. J'ai hésité.

Malika s'est impatientée :

– Tu fais comme tu veux, nous on va à la piscine. J'en ai plein le dos du sable dans les chaussures et des trente kilomètres à pied.

– Deux kilomètres, ai-je rectifié.

Elle a haussé les épaules. Je les ai suivis. Je me suis demandé comment j'allais supporter Malika tout l'après-midi. Et dire qu'avant je restais des journées entières à discuter avec elle !

La piscine était noire de monde. On n'a pas pu rester dans l'eau trois minutes sans recevoir de coups de pied. On a étalé nos serviettes sur la pelouse, puis Alex est parti discuter avec le maître nageur. Alors Malika s'est aperçue que j'existais encore et s'est efforcée de m'adresser la parole :

– C'est génial ici ! s'est-elle exclamée en contemplant la foule avec satisfaction.

Plus banale comme conversation, c'était impossible. J'ai répondu un « Moui... » pas très convaincu.

– Ça n'a pas l'air d'aller, Caillou ? Tu as des nouvelles de Rémy ?

– Non, pas de nouvelles, ai-je répondu.

Il n'était pas question que je lui montre la carte postale que Rémy m'avait envoyée. Elle a fait son air étonné avec ses grands yeux ronds. Et elle a aussitôt ajouté :

– Je te l'avais bien dit ! Loin des yeux loin du cœur... Avoue que j'avais raison.

Lui avouer qu'elle avait raison, certainement pas. Et ce qui était sûr aussi, c'est que je n'allais pas écrire une lettre de six pages à Rémy après une carte comme celle-là.

Le petit air supérieur de Malika me crispait. J'avais envie de lui conseiller de s'occuper de ses affaires. C'est d'ailleurs ce que j'ai fait.

– Alors si j'ai bien compris, ton histoire avec ton Alex va se terminer samedi quand chacun va repartir chez soi ?

– Alex et moi, c'est différent.

– Ah oui, c'est différent ?

– Toi et Rémy vous n'alliez pas du tout ensemble, ça sautait aux yeux.

Je me suis redressée d'un bond. Mon cœur s'est mis à battre à toute allure. Comment osait-elle ? Elle, ma meilleure amie, alors qu'elle avait insisté toute l'année pour que je sorte avec Rémy ? Je bouillonnais de l'intérieur.

– Ne t'énerve pas. C'est juste une observation. Je me trompe peut-être...

– Je me suis toujours doutée que tu n'étais pas franchement ravie qu'on sorte ensemble.

– Ah ? Vous sortiez ensemble ? C'est nouveau !

Là, elle dépassait les bornes. Je devais être rouge jusqu'aux lunettes et ce n'était pas seulement à cause des coups de soleil. J'avais envie de l'attraper par les cheveux, de la traîner jusqu'à la piscine et de la jeter à l'eau. Elle a poursuivi :

– Vous vous êtes embrassés une fois et encore... je n'ai pas vu la scène de mes propres yeux. Qui me dit que tu ne m'as pas raconté des histoires ?

J'étais capable de lui pardonner beaucoup de choses, mais cette fois elle était allée trop loin. Ce qu'elle venait de dire la trahissait. Elle n'avait jamais cru que j'étais réellement sortie avec Rémy. Je n'avais même plus envie de lui prouver quoi que ce soit. Elle ne le méritait pas. C'était fini entre nous.

J'ai pris ma serviette, mon sac et je me suis levée. Alex, qui arrivait, m'a demandé :

– Tu t'en vas, Camille ?

Je n'ai pas répondu. Il s'est tourné vers Malika :

– Qu'est-ce qu'elle a ?

– Elle fait sa tête de vache. Laisse-la, ça va passer…

J'ai enjambé les gens allongés et je suis allée m'enfermer dans une cabine. J'étais au bord de la crise de nerfs. Alex m'a suivie et a frappé à la porte.

– Camille, tu es fâchée ? Qu'est-ce qui s'est passé avec Malika ?

– Toi, occupe-toi de tes affaires.

– Mais ce sont mes affaires, a-t-il ajouté calmement. Qu'est-ce que je peux faire pour vous réconcilier ?

– Rien, rien, RIEN ! Je ne veux plus vous voir, c'est compris ?

Je me suis écroulée sur le banc froid de la cabine en pleurant. Il est resté silencieux un instant et a repris :

– Même moi, tu ne veux plus me voir ?

– Oui, même toi… surtout toi d'ailleurs. Je te déteste.

– À ce point ?

– Encore plus que ça ! Dès que je t'ai vu, j'ai su que je te détesterais.

– Tant pis. Peut-être à une prochaine fois. J'espère.

– C'est ça… espère, ça me fait une belle jambe !

Il est parti sans comprendre ce qui lui arrivait. En fait, ce n'était pas à lui que j'en voulais le plus, mais à Malika qui n'hésitait pas une seconde à m'envoyer des vacheries dès qu'elle se sentait forte. Est-ce que je l'avais humiliée une seule fois depuis que j'étais avec Rémy ? Jamais plus je ne l'inviterais en vacances. Si j'avais réfléchi un peu, j'aurais pu me douter que ça tournerait mal avec son caractère égoïste et capricieux. J'étais trop naïve depuis le début.

J'ai pleuré longtemps sur le banc de la cabine et finalement j'ai rejoint mes parents à la plage. Maman n'a même pas cherché à savoir si le film m'avait plu.

– Où est Malika ? m'a-t-elle demandé.

– Elle vit sa vie.

– Comment ça, elle vit sa vie ? s'est-elle indignée.

– Elle est à la piscine.

– À la piscine ? Pourquoi l'as-tu laissée toute seule là-bas ?

– Elle n'est pas toute seule… elle est avec…

Encore un peu et je racontais tout. Mais je me suis retenue à temps. Maman se fâcherait et c'est moi qui prendrais. Elle irait chercher Malika à la piscine et, pour se venger, Malika raconterait toute mon histoire avec Rémy, même la nuit qu'on avait passée chez lui alors qu'on était censées dormir chez elle. Je me suis rattrapée :

– Elle est avec les copains du bivouac.

Maman a ronchonné :

– Ce n'est pas sérieux de la laisser toute seule ! On ne l'invitera plus, si on ne peut pas vous faire confiance.

Pour une fois, j'étais d'accord avec elle. Mais je ne l'écoutais plus. Je pensais à Rémy. C'est vrai, on n'allait pas ensemble ? Pourquoi Malika m'avait-elle dit une chose pareille ?

Malika est rentrée pour le dîner. On ne s'est pas adressé la parole de toute la soirée. Elle parlait à Tom et à mes parents, mais elle faisait comme si je n'existais pas. On s'est couchées de bonne heure. Elle a râlé parce que je n'enlevais pas mes chaussures avant d'entrer dans la tente. J'ai répondu tout bas que mes chaussures, elle allait se les prendre dans la figure si elle continuait à me parler sur ce ton. Elle a fait semblant de ne pas m'entendre. Je me suis retournée dans mon sac de couchage pour ne pas la voir et je me suis tout de suite endormie.

LES VŒUX ET LES AVEUX

Le lendemain matin, papa et maman avaient prévu de visiter une église dans les environs, « une église romane » avait précisé papa en donnant une tonne d'explications que je n'avais pas écoutées.

On n'avait pas le choix, même Malika qui, j'en suis sûre, avait rendez-vous avec Alex. On a roulé pendant une heure. Je n'ai pas ouvert la bouche et Malika non plus.

– Ça a l'air de vous enchanter de visiter une église ! s'est exclamé papa en voyant nos têtes. C'est au programme d'histoire en cinquième pourtant, vous pourrez raconter ça à votre professeur.

On n'a pas répondu. La cinquième me semblait si loin ! Et dire qu'on allait se retrouver dans la même classe !

On est descendues de voiture et on s'est dirigées vers l'église en traînant les pieds. Comme on approchait du portail, j'ai posé à Malika la question qui me trottait dans la tête depuis notre départ :

– Tu as prévenu Alex qu'on partait toute la matinée ?

– On n'est plus ensemble.

Je m'attendais à tout sauf à ça. J'ai eu de la peine pour elle et, en même temps, je me suis sentie libérée d'un poids.

– À cause de quoi ?

– À cause de toi, mais pas seulement...

J'étais stupéfaite. J'étais partie pour ne pas les déranger et leur rupture était ma faute ?

– À la piscine, après ton départ, il a insisté pour savoir ce qui s'était passé. Je lui ai expliqué qu'on s'était brouillées, mais que ça nous arrivait souvent. C'est vrai, non ? Il m'a dit que j'avais eu tort et que tu avais l'air vraiment malheureuse. Je l'ai envoyé promener en lui conseillant de s'occuper de ses affaires et il est parti. Voilà. Bon débarras !

– Pourquoi bon débarras ? Vous alliez bien ensemble, ai-je assuré.

Je n'en pensais pas un mot. J'avais dit ça uniquement parce que je m'étais promis de ne jamais faire comme elle.

– Moi, je ne trouve pas, a-t-elle rétorqué.

Dans l'église, maman nous a fait un cours sur la clef de voûte, une pierre qui maintient toutes les autres. Ensuite on s'est promenées avec Malika. J'ai chuchoté :

– Pourquoi tu dis ça ?

– Quoi donc ? Ah oui ! Simplement parce ce n'est pas lui que j'aime.

Ça, ça voulait dire qu'elle en aimait un autre. Mais qui ? Pas Hans quand même. Il était plus petit qu'elle !

– Qui est-ce que tu aimes ?

– Je ne sais pas si je peux te le dire.

– Je ne le répéterai pas, promis.

– Ce n'est pas à cause de ça.

– C'est à cause de quoi alors ?

– N'insiste pas, ça ne te regarde pas. Chacun son jardin secret, non ?

J'avais envie de savoir, mais je ne pouvais pas me permettre d'insister. Elle avait raison : chacun son jardin secret. J'ai pensé un quart de seconde que c'était Rémy, mais non, impossible, elle n'aurait pas insisté toute l'année pour que je sorte avec lui. J'ai demandé :

– Il ne te plaît pas Alex ? Pourtant il a l'air gentil et il est mignon.

– Si, il me plaît, mais je ne l'aime pas. Aimer d'amour si tu préfères.

On a observé la sculpture de la Sainte Vierge. Malika a trouvé qu'elle me ressemblait.

– Moi aussi j'ai un aveu à te faire, ai-je poursuivi. Je crois que je n'aime pas vraiment Rémy parce que je pense de moins en moins à lui.

Malika semblait étonnée et presque soulagée. Ses yeux pétillaient. J'ai continué :

– Tu avais raison, loin des yeux loin du cœur.

– Tu aimes quelqu'un d'autre ?

– Bien sûr que non !

Mes parents nous ont interrompues pour nous prévenir qu'on s'en allait. On a allumé un cierge et on a fait un vœu. J'ai demandé qu'on reste les meilleures amies toute la vie. Elle, je ne sais pas.

Lorsqu'on est sorties de l'église, papa s'est moqué de nous.

– Il faut vous traîner pour vous y emmener et après on attend une heure que vous sortiez ! Ça vous a plu alors ?

– C'était génial ! s'est exclamée Malika.

Sur le chemin du retour, on a chanté et rigolé avec Tom. On s'était réconciliées, c'était l'essentiel. Le monde pouvait s'écrouler, du moment qu'on restait amies, on était heureuses.

L'après-midi, à la plage, on a joué à enterrer mon frère. Il était drôlement content qu'on s'occupe de lui. Il riait même quand Malika lui envoyait du sable dans les yeux. À croire qu'il était tombé amoureux d'elle.

Non, je rigole !

DOUZE BOUGIES POUR MA MEILLEURE AMIE

Malika n'était au courant de rien. On voulait lui faire la surprise avant son départ. Ce jour-là, ma copine n'était pas en forme. Elle s'était fait piquer par les moustiques toute la nuit, elle avait coincé la fermeture éclair de la tente et avait renversé son bol de céréales sur les genoux de Tom. C'était la catastrophe. Ensuite, elle s'était assise sur les marches du perron et elle était restée un long moment à regarder une fourmi qui essayait de transporter une miette de pain.

– Tu fais cette tête parce que tu pars ce soir ? avait demandé Tom.

– Non, pas du tout.

J'étais sûre qu'elle s'imaginait que j'avais oublié son anniversaire.

On a passé un dernier après-midi à la plage. Cette fois, on est restées dans l'eau le plus longtemps possible. Malika voulait en profiter au maximum avant de rentrer. On a aidé mon frère à construire un château de sable. Il était chargé d'apporter des seaux d'eau et de mouiller le sable pendant qu'on rafistolait ses tours qui s'écroulaient. Lui aussi semblait triste de voir partir Malika.

Soudain, j'ai entendu les voix d'Alex et Hans derrière nous. J'ai regardé Malika, paniquée. Elle a fait semblant de ne pas comprendre mais je savais très bien qu'elle les avait entendus. Maman nous a lancé :

– Vous ne dites pas bonjour à vos copains ?

– Ah bon, où ça ? ai-je demandé en levant la tête d'un air ahuri, pendant que Malika se concentrait sur sa tour.

– Là-bas ! Ils étaient au-dessus de nous à l'instant.

– Ah oui... ai-je soupiré en les observant s'éloigner.

J'avais la gorge serrée. Ils étaient passés à deux pas de nous et ne nous avaient même pas dit bonjour. C'était quand même dommage d'avoir tout gâché. Je les aimais bien dans le fond. Malika a déclaré d'un ton sec :

– On s'en fiche, on ne leur parle plus.

Je redoutais que maman ne nous demande des explications. On serait obligées de raconter la vérité. Ça n'a pas manqué :

– Pourquoi donc ? Ils ont l'air très gentils ces garçons.

– Oui, mais ils n'ont pas compris qu'on était inséparables toutes les deux. Ils ont cherché à nous brouiller, mais ils n'y sont pas arrivés. On avait repéré leur petit manège. On les a envoyés promener. Bon débarras ! On ne se porte pas plus mal sans eux, pas vrai Caillou ?

Elle me fixait droit dans les yeux. J'ai eu des frissons dans tout le corps. Ce qu'elle venait de dire était une véritable déclaration d'amitié. J'avais envie de la serrer dans mes bras et de lui répondre « Oui, on est bien toutes les deux, on n'a besoin de personne ».

– C'est curieux, a observé maman. Hier, vous aviez l'air de vous entendre parfaitement avec eux.

– En plus, c'était l'occasion rêvée pour améliorer votre anglais, a ajouté papa.

– Ils sont hollandais, ai-je rectifié en levant les yeux au ciel.

– L'un ou l'autre, peu importe. C'est toujours bien de connaître une autre langue…

Je savais bien que ce n'était pas le sujet, mais au mot « langue », je me suis tétanisée. Papa avait-il deviné quelque chose à propos d'Alex et Malika ? Avec lui, il faut toujours se méfier des doubles sens.

Le soir, on a dîné au restaurant de tata Cerise. Au dessert, j'ai fait semblant d'aller aux toilettes et je me suis faufilée dans la cuisine pour mettre les douze bougies sur le gâteau que j'ai apporté avec Tom. Tout le monde a chanté *Happy Birthday*. Malika n'en revenait pas. Son sourire illuminait tout son visage.

– Tu y as pensé ! s'est-elle exclamée.

Elle a soufflé les bougies. Je lui ai offert mon cadeau : du papier à lettres avec des vaches comme motifs. Elle m'a serrée dans ses bras en répétant :

– Ça me fait tellement plaisir !

J'étais aussi émue qu'elle. Mes parents lui ont offert un livre sur les églises romanes.

– Tu avais l'air de beaucoup apprécier celle qu'on a visitée, a expliqué mon père.

Je n'aurais pas cru que Malika puisse apprécier ce cadeau autant que le mien. Elle avait peut-être réellement aimé la visite. Enfin, Tom lui a donné une boîte remplie de sable pour qu'elle garde un souvenir de nos vacances.

On a dévoré le gâteau aux framboises du jardin que lui avait préparé tonton Boris. Malika a pris trois parts tellement elle le trouvait bon. Au bout de la troisième, papa lui a conseillé de s'arrêter si elle voulait passer un bon voyage.

Après le dîner, on est rentrés pour que Malika finisse son sac. Elle m'a dit que je pouvais garder le poster dans la tente comme ça je penserais à elle. Elle a remercié tout le monde mille fois. On n'arrivait pas à se séparer. Et puis il a fallu qu'elle s'en aille. Elle a mis son sac dans le coffre. Il y avait un beau coucher de soleil et un ciel rose et bleu. On s'est fait deux gros bisous avant qu'elle ne ferme sa portière.

– Tu diras au revoir de ma part aux Hollandais et tu me raconteras le concert.

– Compte sur moi. Qu'est-ce que tu vas faire le reste des vacances ?

– Plein de choses, je ne sais pas, moi... À la fin du mois, mon frère rentre.

J'ai pensé « Rémy aussi » et un doute m'a saisie : et si c'était lui qu'elle... non, j'imaginais n'importe quoi.

Papa a démarré. On est restés sur le trottoir jusqu'à ce que la voiture tourne au carrefour. J'ai eu la chair de poule. Même Tom paraissait triste. Je ne pensais pas que je pouvais me sentir aussi seule sans Malika. Elle n'était plus là pour me faire rire, me raconter ses histoires invraisemblables et me serrer dans ses bras.

KISS ME, MY BABY

Le concert des Funny Girls avait lieu à vingt-deux heures. Après le départ de papa et Malika, je suis allée me changer. J'ai mis mon pantalon préféré et mon tee-shirt au motif chinois. Mes coups de soleil commençaient à se transformer en bronzage. Malika avait oublié sa vache en peluche, mais elle avait emporté son maquillage. De toute façon, ce n'était qu'une soirée en famille. Et connaissant les goûts de ma mère, on ne resterait pas longtemps au concert. D'ailleurs, elle nous avait prévenus :

– Je vous accompagne à la première partie, à onze heures on va au feu d'artifice sur la plage et après on rentre se coucher.

À vingt-deux heures dix, le concert n'avait pas commencé et on était là depuis vingt minutes. La place du village était envahie de spectateurs, le restaurant complet et tata Cerise débordée.

On est allés acheter une barbe à papa avec mon frère. Maman s'est assise sur le banc de la fontaine. Elle bâillait déjà et consultait sa montre toutes les deux minutes. Moi qui comptais négocier pour la deuxième partie du concert, c'était mal parti.

Et puis derrière moi, quelqu'un a tiré sur ma barbe à papa. Je me suis retournée pour grogner « Ça ne va pas la tête ! », mais au lieu de m'énerver, j'ai bredouillé :

– Ah tiens... euh... qu'est-ce que tu fais là ?

C'était Hans. Il était avec ses copains habituels. Alex n'était pas avec lui, je n'ai pas osé demander pourquoi. Hans me regardait fixement. Était-il au courant pour Alex et Malika ? Savait-il que j'avais envoyé Alex balader ? Que dire ? J'étais coincée. Malika avait semé la zizanie et me laissait démêler cette histoire toute seule. Je n'étais quand même pas responsable des actes de ma copine !

– Bon, ben, à tout à l'heure au feu d'artifice, ai-je marmonné.

– Tu ne restes pas avec nous ? m'a-t-il demandé.

– Je ne sais pas si... je vais en parler à ma mère.

Ils m'ont attendue. J'aurais préféré que maman refuse tellement cette situation me mettait mal à l'aise. Mais elle a eu l'air presque soulagée quand je lui ai demandé l'autorisation de rester avec Hans et ses amis.

– Dans ce cas, je vais me coucher. Vous avez les clefs ?

Avant de nous quitter, elle nous a abreuvés de recommandations : rester toujours en groupe, rentrer à minuit, rendez-vous chez tata Cerise si un de nous se perdait dans la foule, ne pas laisser Tom rentrer tout seul, le tenir par la main…

Pour une fois, j'étais plutôt contente que mon petit frère reste avec moi. Ça m'éviterait d'aborder le sujet « Alex et Malika » avec Hans. Le concert a commencé. Les spectateurs se sont précipités vers la scène. Le temps que j'aille jeter mon bâton de barbe à papa à la poubelle et j'avais perdu tout le monde de vue, même Tom. La foule était dense, j'avais du mal à me déplacer. J'ai décidé de m'éloigner pour y voir plus clair.

J'ai balayé la foule du regard. Et puis j'ai vu Alex, tout seul sur un banc. Le pauvre, il avait l'air si malheureux ! Une envie irrésistible me poussait vers lui, malgré la crainte qu'il m'envoie promener à cause des insultes que je lui avais lancées à la figure et de ce qu'avait dû lui dire Malika qui n'est pas toujours la reine de la délicatesse. J'hésitais. Mais qu'est-ce que je risquais ? Je me suis approchée par derrière, sur la pointe des pieds.

Alex s'est levé. Il portait un tee-shirt orange fluo et un pantalon vert. J'ai poussé les gens qui me barraient le passage et je l'ai suivi. C'était facile, vu la couleur de son tee-shirt. J'avais très envie de le rassurer : non, Malika n'est pas un monstre, oui elle ne sait pas ce qu'elle veut, mais il faut lui pardonner. Elle l'avait beaucoup aimé et c'était ça le principal. Moi seule pouvais apporter à Alex du réconfort et lui redonner le sourire. Il s'est approché de la scène. Les Funny Girls ont entamé leur slow *Kiss me*, le slow magique qui rend amoureux, comme l'affirme Malika.

Je me suis approchée d'Alex lentement. J'observais sa nuque et ses cheveux. Je ne sais pas ce qui m'a pris. Soudain, j'ai eu une envie folle de l'embrasser dans le cou, là sans qu'il me voie, et de partir en courant. Les Funny Girls répétaient leur refrain « Kiss me, kiss me my baby » de leurs voix chaudes et langoureuses et moi je devenais cinglée ! « On se calme Camille », disait une petite voix dans ma tête.

Je suis restée un long moment à cinq centimètres derrière lui en réfléchissant à ce que j'allais lui dire : lui assurer que je ne pensais pas ce que je lui avais dit à la piscine, trouver les mots justes pour lui redonner le sourire, ne pas en faire trop... C'était complexe. J'allais lui taper sur l'épaule quand il s'est retourné brusquement. Son regard m'a terrassée.

– Tiens, tu es là ? a-t-il demandé.

J'étais si surprise que je suis restée bouche bée. Il n'a rien ajouté non plus. On s'est regardés les yeux dans les yeux. Autour de nous, les gens balançaient lentement leur briquet au-dessus de leur tête au rythme de la musique. La foule se resserrait autour de nous. On se touchait presque. Alex a glissé sa main dans mon cou, il m'a serrée contre lui et on s'est embrassés jusqu'à la fin du slow. Je n'y comprenais plus rien et je ne cherchais pas à comprendre. Je me laissais faire, avec délices.

Aux applaudissements, je suis redescendue sur terre.

– Mon frère ! J'ai oublié mon frère.

– Il est tout seul ?

– Non, avec Hans.

– Alors, ne te fais pas de souci.

Il m'a serrée contre lui. J'ai passé mes bras autour de son cou. Mais qu'est-ce que je faisais ? Et Rémy ? Et Malika ? Je ne leur dirais jamais. C'était mon jardin secret, fermé à double tour. Cette histoire ne concernait que moi. Et puis j'étais capable de me débrouiller toute seule avec mes sentiments.

Alex m'a saisi la main et m'a entraînée dans une rue calme. Tant pis pour le concert, j'aurais d'autres occasions. J'inventerais quelque chose pour Malika.

– On va se promener sur la plage avant de voir le feu d'artifice ? a-t-il proposé. Je n'aime pas cette musique. Les chanteuses hurlent dans le micro et les mélodies se ressemblent toutes.

Il avait raison, ce n'était pas de la bonne musique. Et je n'étais pas obligée d'aimer tout ce que Malika aimait.

LA VÉRITÉ, TOUTE LA VÉRITÉ

On a pris le chemin de la plage. Tout à coup, j'ai eu un doute. Et si Alex m'avait embrassée pour se venger de ce que lui avait fait Malika ? Il fallait que je reste prudente.

Soudain, il a déclaré :

– Ça arrive à tout le monde de se tromper !

– À qui le dis-tu ! ai-je répondu en repensant à la première fois que je l'avais vu au pied des dunes.

– Tu vois, Malika est plus attirante que toi au premier abord, mais derrière ta timidité tu as de la profondeur et de la sensibilité. C'est ça que j'aime chez toi.

J'étais au bord des larmes. Comment un garçon qui me connaissait si peu avait-il deviné autant de choses sur ma personnalité ? C'était peut-être Malika qui lui avait parlé de moi.

– Malika aussi est sensible, ai-je répliqué, plus que tu ne le crois.

Je me suis sentie à la fois très flattée et

obligée de la défendre. Il n'a rien répondu, sans doute encore blessé par l'attitude qu'avait dû avoir Malika. Il s'est arrêté et m'a attirée dans ses bras.

– Je t'attendais pendant le concert. J'avais comme un pressentiment. Quand tu es apparue, c'était magique.

– Tu dis ça parce qu'elle t'a quitté et que tu es fâché.

– Comment ???

Il a haussé les sourcils et a marmonné quelques mots en hollandais.

– C'est moi qui l'ai envoyée promener quand tu es partie de la piscine. Qu'est-ce qu'elle t'a raconté ?

À ce moment, j'ai compris que Malika avait encore inventé une version de la vie qui l'arrangeait. J'aurais dû m'en douter et me renseigner avant. Il a poursuivi :

– Elle a pleuré et puis elle m'a dit qu'elle s'en fichait pas mal puisqu'elle partait deux jours après. De toute façon, elle a déjà un copain non ?

– Un copain ?

– Oui, un certain... Rémy. C'est ce qu'elle a dit entre deux sanglots.

– Rémy ?

Malika s'était inventé une histoire avec mon Rémy ? Mais elle délirait complètement ! C'était de pire en pire.

– Ce n'est pas vrai ?

J'ai marmonné « si si » pour ne pas me noyer dans les détails, mais j'étais abasourdie. Pourquoi ma meilleure copine s'appropriait-elle tout ce qui m'appartenait ? Je lui en voulais et surtout je la plaignais. Et pour quelle raison avait-elle besoin d'inventer tant d'histoires ? Bien que je sache qu'elle était comme ça, je n'arrivais pas à m'y habituer.

Sur la plage, les artificiers se livraient aux derniers préparatifs.

– Salut, les amoureux ! nous a lancé l'un d'eux.

On a continué notre promenade main dans la main. On a retiré nos chaussures, remonté nos pantalons et on a marché dans l'eau gelée. À l'autre bout de la plage, on s'est assis au sommet d'une dune et on a observé les étoiles. Alex en a nommé plusieurs. J'étais impressionnée par tout ce qu'il savait. Il essayait de m'apprendre leurs noms, mais je les oubliais dans la seconde qui suivait, comme les mots de hollandais qu'il me traduisait. J'avais la tête ailleurs, je pensais à tout sauf aux étoiles : à sa main sur mon épaule, à sa voix grave, aux bruits des vagues, à cet instant magique qui ne se reproduirait certainement pas deux fois dans ma vie. J'aurais voulu prendre ce moment en photo, l'enregistrer ou le graver pour ne jamais l'oublier.

Et puis les premiers feux d'artifice ont illuminé le ciel. À chaque détonation, je sursautais et je me cachais dans les bras d'Alex. La plage était envahie par les spectateurs. On ne les avait pas vus arriver tellement on avait la tête dans les étoiles. Après le bouquet final, j'ai repensé à mon frère, à Hans et on s'est lancés à leur recherche. On n'a pas réussi à les retrouver.

– Il va le raccompagner, m'a assuré Alex. Ne t'inquiète pas.

On est rentrés tout doucement jusqu'à la maison. Alex m'a embrassée une dernière fois devant le portail et je suis entrée.

J'ai ouvert la tente de mon frère et j'ai chuchoté :

– Tom, tu es là ?

– Hein ? m'a-t-il répondu d'une petite voix endormie.

J'étais rassurée de le savoir en sécurité.

– On est revenus ensemble ce soir, d'accord ?

– Mais non, on n'est pas revenus ensemble. On t'a cherchée toute la soirée. T'étais où ?

– Écoute, Tom, si maman te pose des questions demain, tu réponds qu'on ne s'est pas quittés de la soirée. Tu comprends ? Sinon je vais me faire disputer.

– Ouh là là ! C'est compliqué...

– Mais non, c'est très simple. Allez, bonne nuit !

Je me suis endormie en serrant mon oreiller comme j'aurais serré Alex s'il avait été là.

PENSÉES SECRÈTES

Le lendemain matin, j'ai accompagné Alex à la gare. On s'est promis de s'écrire et de se retrouver l'été prochain.

Le contrôleur a annoncé le départ du train. Je suis descendue sur le quai. Alex a ouvert une fenêtre. Il a retiré son bracelet en cuir et me l'a tendu.

– C'est pour toi.

Son prénom était gravé dessus. Je l'ai mis à mon poignet. Il était deux fois trop grand, mais je l'adorais.

Le train a démarré. Alex me faisait des signes par la fenêtre. J'ai couru jusqu'au bout du quai. Son visage s'est éloigné et a disparu. Il était encore intact dans ma mémoire… jusqu'à quand ? C'est long un an ! Je ne pourrais jamais attendre. Et lui, il allait peut-être m'oublier ? On avait passé si peu de temps ensemble. C'était facile de tirer un trait sur notre histoire et de passer à autre chose. Facile, mais moi je ne pourrais pas le faire, non je ne pourrais jamais.

Cette fois, je me retrouvais vraiment seule. Les anciens vacanciers étaient partis et les nouveaux n'étaient pas encore arrivés. Je suis allée voir tata Cerise. Il y avait un couple à la terrasse du restaurant. Je me suis assise à l'ombre d'un parasol. En les observant se dévorer des yeux, je me suis demandé avec qui je me voyais à leur âge : Rémy ou Alex ? L'amour pouvait-il durer tant d'années ? En attendant, je me trouvais dans une situation drôlement embarrassante : Rémy d'un côté, Alex de l'autre et Malika entre les deux. Si tata Cerise savait tout ça, elle ne me regarderait pas avec ce sourire compréhensif et rassurant. Elle me dirait : « Tu es folle, ma pauvre Camille ! » Pourtant j'aurais bien aimé me confier à quelqu'un, lui poser toutes les questions qui me passaient par la tête : comment on dit à quelqu'un qu'on ne l'aime plus ? Comment on dit à quelqu'un qu'on connaît à peine qu'on l'aime plus qu'on n'a jamais aimé personne ? Et lequel j'aimais ? Alex ? Rémy ? Rémy ? Alex ? Leurs noms et leurs visages tourbillonnaient dans ma tête au point de me donner mal au cœur.

Tata Cerise nettoyait énergiquement les tables avec son chiffon et frottait les chaises en râlant :

– Oh là là ! Les gens mangent comme des cochons !

Les forains rangeaient leurs stands et s'apprêtaient à partir pour un autre village. Sur la place, il ne restait des stands jaunes et rouges plus que les barres de fer par terre et les camions ouverts.

– Tu ne veux pas de jus d'orange ? m'a demandé tata Cerise pour la dixième fois.

Et pour la dixième fois, je lui ai répondu qu'un verre d'eau fraîche me suffisait.

Elle s'est assise à côté de moi avec un Perrier citron. Elle m'a regardée droit dans les yeux.

– Qu'est-ce qui te tracasse, Caillou ?

– Rien, je suis fatiguée.

Dès qu'on ne va pas bien à la maison, maman nous dit qu'on est fatigués. C'est pratique. Mais tata Cerise ne m'a pas crue :

– On ne me cache rien à moi. C'est une histoire d'amour qui te met dans cet état ?

Comment l'avait-elle deviné ? Grâce à son sixième sens ? Elle sait ce qui se passe dans la tête et dans le cœur des gens au premier regard. Oui, mais elle ne pouvait pas imaginer dans quelle situation je me trouvais à présent.

– Je m'ennuie, ai-je déclaré, tout le monde est parti. Qu'est-ce que je vais faire pendant le reste des vacances ? J'aurais dû partir en colo ou rentrer avec Malika.

– Moi, j'aurais bien une idée…

– Faire la vaisselle du restaurant ? Non merci !

Elle s'est levée. Qu'est-ce qu'elle avait encore bien pu trouver comme idée saugrenue ? Du découpage, comme quand j'avais six ans ?

Elle a réapparu dix minutes plus tard. Elle a posé sur la table un cahier neuf et un stylo à bille bleu.

– Si tu n'arrives pas à me parler, écris-les tes histoires. Au moins pour toi. Ça te fera des souvenirs plus tard.

– Pfff ! Je n'ai rien à raconter. Et je n'ai même pas d'imagination.

– Tu pourrais parler de cette année de sixième par exemple.

J'ai haussé les épaules :

– Les profs, le collège, il ne s'est rien passé d'exceptionnel.

En y réfléchissant cinq secondes, ce n'était pas vrai : tout avait été nouveau cette année, bouleversant, inquiétant, passionnant et palpitant à la fois.

Tata Cerise s'est levée et m'a lancé un clin d'œil :

– Rien d'exceptionnel ? Ça m'étonnerait beaucoup !

Lorsqu'elle est partie, les souvenirs ont commencé à resurgir : ma rencontre avec Malika, ma première boum plutôt réussie, notre aventure à la patinoire, les garçons, l'avertissement de conduite... Ça débordait, je ne pouvais plus m'arrêter.

J'ai ouvert le cahier et j'ai écrit ces premiers mots :

« Je connais Malika depuis la rentrée. Au début, je n'osais pas l'aborder... »

J'ai continué. Je tournais les pages sans lever les yeux. Je raturais, j'écrivais de travers, j'oubliais l'orthographe et les mots me venaient dans n'importe quel ordre. Drôle de sixième quand même ! J'aimerais bien savoir si je suis la seule à avoir découvert autant de choses cette année-là...

informations cascade

Si tu as aimé les personnages
de ce livre, retrouve-les dans :

Ma première boum,
Tous à la patinoire
et
Avertissement de conduite

LES LANDES, ENTRE DUNES ET FORÊT

Les Landes étaient autrefois une vaste étendue sablonneuse et marécageuse, très pauvre et insalubre. Aujourd'hui, c'est une forêt qui s'étend sur un million d'hectares.

Mer de pins...

À la fin du XVIIIe siècle, l'ingénieur Nicolas Brémontier entreprend de fixer le sable en plantant du pin maritime, des ajoncs et des genêts. Le paysage est transformé, l'économie de la région devient prospère grâce au bois, avec lequel on fabrique des parquets, des charpentes, des meubles et de la pâte à papier. La sève du pin, appelée gemme, est recueillie pour faire de l'essence de térébenthine et de la colophane, mais aujourd'hui elle n'est plus guère récoltée.
Les autres richesses du pays sont la culture du maïs et l'élevage des poulets jaunes, des canards et des oies grasses.

... et mer de sable

De l'estuaire de la Gironde au Nord jusqu'à la côte basque au Sud, l'océan Atlantique est bordé par une interminable plage de sable fin de presque 250 km de long : la Côte d'Argent. Le sable, continuellement apporté par la mer, s'accumule pour former des dunes qui s'étendent sur cinq kilomètres vers l'intérieur des terres. Ce sont les plus importantes d'Europe. La dune du Pilat, au sud d'Arcachon, atteint 114 mètres de haut. Elles forment une barrière qui empêche l'eau de s'écouler vers la mer. Les lacs et les étangs, reliés par des cours d'eau que l'on appelle les « courants », se succèdent parallèlement à la côte.

Le paradis des surfeurs

Largement ouverte, la côte ressent fortement les influences de la marée et notamment les effets de la houle de nord-ouest qui provoque la formation de gros rouleaux qui s'écrasent sur le rivage en vagues déferlantes. Les conditions sont idéales pour pratiquer un sport venu des États-Unis, le surf. Chaque année ont lieu à Lacanau, à Hossegor et à Biarritz, sur la côte basque, des épreuves du championnat du monde professionnel de surf.

SUR LA CRÊTE DES DÉFERLANTES : LE SURF

Le surf est un sport nautique qui consiste à utiliser l'énergie d'une vague pour regagner le rivage. Il faut pour cela de grosses vagues puissantes formant un rouleau régulier, les vagues déferlantes. Le surfeur gagne le large allongé sur sa planche en ramant avec les bras, puis il revient debout, en évoluant le plus longtemps possible sur la crête de la vague, ou à l'intérieur du rouleau que l'on appelle le « tube ». Cent mille personnes environ, dont dix mille licenciées, pratiquent le surf en France.

Selon la légende, ce sport très ancien était une épreuve destinée à départager les prétendants au trône de l'île d'Hawaï. James Cook le découvrit en 1778 lors d'un voyage aux îles Sandwich, et l'appela hé'enalu. Il est importé en Californie et en Australie au début du XXe siècle, mais il faut attendre les années 1950 et le développement des matières plastiques pour qu'il se propage vraiment.

Il existe plusieurs sortes de planches de surf, toutes reliées au pied du surfeur par une corde d'environ deux mètres, appelée leash. Les planches longues, ou longboards, difficiles à manier, sont réservées aux experts. Les débutants préfèrent les planches courtes, ou bodyboards, sur lesquelles on se tient allongé et que l'on manœuvre avec des palmes. Le kneeboard se pratique à genoux, le skurf tiré par un bateau à moteur. Par contre, le bodysurfing se pratique sans planche et sans accessoires (sauf parfois des palmes).

CONSIGNES DE SÉCURITÉ

- Il est interdit de surfer dans les zones de baignade.
- Il est déconseillé de surfer par temps d'orage.
- Il ne doit y avoir qu'un seul surfeur par vague.
- Le surfeur prioritaire est celui qui se trouve le plus haut sur la vague.
- Le surfeur qui a pris possession d'une vague est prioritaire par rapport à celui qui rame vers le large.
- Deux surfeurs doivent éviter de se croiser et doivent partir dans des directions opposées s'ils se trouvent sur la même vague.
- Le surfeur doit assistance à toute personne en danger.

DES GROUPES POUR LES ADOS

Les Boys Band et les Girls Band sont des groupes de plusieurs garçons ou filles très jeunes, recrutés par des maisons de disques pour toucher le public des adolescents.
Les musiciens et les chanteurs qui les composent ne se connaissent généralement pas avant de former leur groupe. Les garçons doivent être sportifs, capables d'exécuter des danses acrobatiques, et donner une image positive et dynamique de la jeunesse : bien coiffés et bien rasés, ils ne fument pas et ne boivent pas. Les filles doivent également être sportives et attirantes.
Parmi les groupes exclusivement féminins, le plus célèbre est celui des Spice Girls. Chacune des cinq filles qui le composent porte un surnom qui correspond à son caractère : Mélanie B la sauvage, Mélanie C la sportive, Emma la poupée, Victoria la snob, Geri la sexy. Leurs premiers succès sont *Wannabe* et *Say you'll be there*.
Le plus jeune groupe est certainement celui des Bubbles, cinq Suédoises élèves de l'Académie de Ballet de Gothenburg : les jumelles Patricia et Sandra ont treize ans

ainsi que Caroline ; Hanna et Jenny ont douze ans. Leur tube : *Happy girl*.
Certains groupes ont été constitués sur casting au cours d'émissions de télévision. C'est le cas en France des L5 (elles cinq !) à l'issue de « Popstars ».
Côté garçons, les Français 2B3 (« to be three » en anglais signifie « être trois ») ont été le premier Boys Band. Le groupe est composé de Filip le gymnaste, Frank le champion de viet vo dao, et Adel. Ils deviennent célèbres avec *Partir un jour*.
Connus grâce à l'émission « Graine de stars », les Poetic Lovers connaissent le succès grâce au titre *Prenons notre temps*.
Les Worlds Apart, un groupe anglais formé de Nathan, Steve, Cal et Schelim sont lancés avec *Everybody* et *Je te donne,* une reprise de Jean-Jacques Goldman et Michael Jones. Aux États-Unis, Tay, Taryll et TJ, les 3T, sont les neveux du célèbre Michael Jackson. Leurs premiers succès sont *Why ?* et *I need you*. Très connus aussi, les Backstreet Boys et plus récemment N'Sync.
Dorénavant, les Bands sont également mixtes comme le groupe S Club 7 !

Ces dossiers ont été réalisés en collaboration avec Nicole Bustarret.

cascade — 9-11

ALBERT A LA BERLUE
Michel Le Bourhis.

UNE AMIE GÉNIALE
Sandrine Pernusch.

L'ATTAQUE DE L'OURS
Alain Surget.

AU BOUT DU CERF-VOLANT
Hélène Montardre.

AU SECOURS MÉLUSINE !
Yvon Mauffret.

LES AVENTURES D'UN CHIEN PERDU
Dagmar Galin.

AVERTISSEMENT DE CONDUITE
Ségolène Valente.

LA BANDE DE FORT APACHE
Jacques Asklund.

BIEN JOUÉ MÉLUSINE !
Yvon Mauffret.

BILLY CROCODILE
Yves-Marie Clément.

ÇA CHAUFFE À LA MAISON
Nadine Walter.

CET ÉTÉ, ON DÉMÉNAGE
Anne-Marie Desplat-Duc.

CHUT... SECRET DE FAMILLE
Marie Dufeutrel.

CLAIR DE LOUP
Thierry Lenain.

CLASSE DE LUNE
François Sautereau.

LES CM2 À LA UNE
Catherine Missonnier.

UN CŒUR EN VACANCES
Ségolène Valente.

COMMENT VIVRE 7 VIES SANS AVOIR MAL AUX PIEDS
Évelyne Brisou-Pellen.

LA COURSE AUX RECORDS
Lorris Murail.

DANGER JOURNAL SECRET
Guy Jimenes.

DE L'EAU PLEIN LES BOTTES
Chantal Cahour.

LES DISPARUS DE FORT BOYARD
Alain Surget.

LA DOUBLE CHANCE DE JULIETTE
Françoise Elman.

L'ENFANT CHEVREUIL
Roger Judenne.

ENQUÊTE ET PATINS À ROULETTES
Alice Hulot.

EXTRATERRESTRE APPELLE CM1
Catherine Missonnier.

LE FILS DES LOUPS
Alain Surget.

LE GOUFFRE AUX FANTÔMES
Alain Surget.

LA GUERRE DES POIREAUX
Christian Grenier.

HISTOIRE DE LUCIEN
François Charles.

L'ÎLE AUX TORTUES
Michel Girin.

L'INCONNU DU QUATRIÈME
Alice Hulot.

J'AIME PAS LA NATURE
Gérard Bialestowski.

JEUX DE FAMILLE
Pascale Perrier.

JOUER C'EST GAGNER !
Pascale Perrier.

LE JOURNAL SECRET DE MARINE
Sandrine Pernusch.

LACE-MOI LES BASKETS
Guy Jimenes.

cascade 9-11

MA PREMIÈRE BOUM
Ségolène Valente.

MILLIONNAIRE À ONZE ANS
Andrew Norriss.

MINUIT, L'HEURE DU FANTÔME
Alice Hulot.

MISS CASSE-COU
Stéphane Daniel.

MON CHIEN VA À L'ÉCOLE
Chantal Cahour.

LE MOUSSE DU BATEAU PERDU
Yvon Mauffret.

MYSTÈRE À BORD
Catherine Missonnier.

MYSTÈRE À CARNAC
Michel-Aimé Baudouy.

MYSTÈRE ET HAMBURGER
Jean Alessandrini.

ON T'AIME CHARLOTTE
Sandrine Pernusch.

PANIQUE EN 6e A
Catherine Missonnier.

PAS FACILE D'ÊTRE UNE STAR
Marc Cantin.

PING-PONG AU CAMPING
Stéphane Daniel.

LA PLUS GRANDE LETTRE DU MONDE
Nicole Schneegans.

POUR UN PETIT CHIEN GRIS
Yvon Mauffret.

PREMIER EN FOOT
Catherine Missonnier.

UN RAP POUR SAMIRA
Jean-Luc Luciani.

UNE RENTRÉE ROSE ET NOIRE
Sandrine Pernusch.

SECRETS DE SORCIÈRES
Alice Hulot.

LA SIRÈNE AUX YEUX D'OR
Michel Girin.

S.O.S. URGENCES
Roselyne Bertin.

TOUS À LA PATINOIRE
Ségolène Valente.

UN TRÉSOR À L'ORPHELINAT
Évelyne Brisou-Pellen.

TROIS CHATONS POUR ZÉLIE
Yvon Mauffret.

DES VACANCES À HISTOIRES
Sandrine Pernusch.

LA VILLE QUI REND FOOT
Jean-Luc Luciani.

VIVE LES PUNITIONS !
Guy Jimenes.

VOTEZ POUR MAMAN !
Chantal Cahour.

L'AUTEUR

Ségolène Valente est née en 1973 à Paris. À l'école, elle préférait lire et inventer des histoires plutôt que de résoudre des problèmes d'algèbre. Ses professeurs de français lui ont appris à écrire et depuis elle n'a plus arrêté : poésies, chansons, pièces de théâtre, nouvelles, romans... Elle a fait des études de lettres et enseigne le français. Elle aime aussi rencontrer ses lecteurs dans les bibliothèques et dans leurs classes.

Vous pouvez retrouver Ségolène Valente sur son site :
http://www.ifrance.com/segolenevalente

L'ILLUSTRATEUR

Michel Riu est né à Paris en 1956. Après quatre années d'études de dessin à Bruxelles, il revient en région parisienne. Il se consacre alors plus particulièrement à la bande dessinée et fait paraître quelques albums. Il réalise aussi des illustrations pour différentes revues et se passionne pour le livre de jeunesse. Il anime parfois des ateliers dans des écoles ou des bibliothèques.

Aubin Imprimeur
LIGUGÉ, POITIERS

Achevé d'imprimer en avril 2002
N° d'édition 3731 / N° d'impression L 63435
Dépôt légal mai 2002 / Imprimé en France